Nueva Internacional

UNA REVISTA DE POLITICA Y TEORIA MARXISTAS

NÚMERO 8 2008

Contenido

I0808831

Primera impresión, 2008
Cuarta impresión, 2024

ISSN 1056-8921
ISBN 978-1-60488-006-9
Manufactured in Canada
Impreso y hecho en Canadá

Nueva Internacional es distribuida a nivel internacional por Pathfinder Press: www.pathfinderpress.com

Diseño de la portada: Toni Gorton

Foto de la portada: Malcolm X tras aterrizar en Londres, luego de que le prohibieran ingresar a Francia, 9 de febrero de 1965. En noviembre de 1964, al regresar de su segundo viaje ese año a África y al Medio Oriente, Malcolm había hablado en París ante un público que colmó el salón grande de la Mutualité. En febrero lo habían invitado nuevamente a hablar allí en un evento auspiciado por organizaciones de estudiantes africanos y afroamericanos residentes en Francia. (Topham/The Image Works)

EN ESTE NÚMERO

El legado antiobrero de los Clinton: raíces de la crisis financiera mundial de 2008" por Jack Barnes es nuestro primer artículo en este número de *Nueva Internacional.* Se enfoca en las consecuencias que implican para la clase trabajadora el desplazamiento antiobrero de la política nacional del Partido Demócrata en los últimos años del siglo XX y la convergencia demócrata-republicana sobre estas cuestiones durante la presidencia de William Clinton.

Librando una "guerra contra el terrorismo" mucho antes del 11 de septiembre, la administración Clinton también sentó las bases de los esfuerzos de la burguesía imperialista para "transformar", reestructurar y fortalecer su postura militar, tanto dentro de Estados Unidos como en el exterior, tras el colapso del régimen estalinista de la Unión Soviética y del Pacto de Varsovia. Entre sus medidas iniciales, Washington promulgó nuevas leyes que socavaban los derechos constitucionales del pueblo trabajador en Estados Unidos, desde las detenciones basadas en "pruebas secretas" hasta las deportaciones sin recurso judicial o apelación.

Antes de que Clinton fuera electo a la presidencia en 1992, sectores dominantes de la clase gobernante estadounidense lo habían modelado para que condujera a los liberales del Partido Demócrata hacia el "centro". Desde mediados de los años 70, en contraste con el cuarto de siglo después de la Segunda Guerra Mundial, la clase patronal ha contado con menos y menos espacio para hacer concesiones económicas y sociales sustanciales al pueblo trabajador. La tarea de Clinton era de distanciar al partido de los programas de asistencia social de tipo "Nuevo Trato" con los que muchos trabajadores identificaban a los demócratas, el partido que se había atribuido estos programas desde que el ascenso de batallas obreras en los años 30 le arrebatara concesiones a la administración del patricio Franklin D. Roosevelt durante la Gran Depresión. Desde el Nuevo Trato hasta la "Gran Sociedad" de Lyndon Johnson a mediados de los 60, esos programas habían sido el pegamento que mantenía unida la variada coalición del Partido Demócrata.

A la vez que se arropaba con el manto demócrata de "progresista", la administración Clinton se dedicó a cambiar la fisonomía del partido a tal grado que lo que antes había sido su "centro" "moderado" se convertiría en su amplia mayoría, y redefiniría lo que es un demócrata liberal. Como parte de su aprendizaje para estas tareas, él ofició 12 años como gobernador de Arkansas, y presidió la Asociación Nacional de Gobernadores en 1986–87 y después en 1991 el Consejo de Liderazgo Demócrata (DLC), fundado seis años antes para ayudar a empujar el partido en esa dirección.

Al segundo año de la presidencia de Clinton, en noviembre de 1994, una mayoría republicana fue electa a la Cámara de Representantes, una mayoría dirigida por el congresista Newt Gingrich de Georgia. En los años siguientes se aceleró una convergencia bipartidista. En agosto de 1996 se eliminó la Ayuda para Familias con Hijos Dependientes (AFDC), la "asistencia social según la conocemos", en las infames palabras de Clinton. La AFDC había sido promulgada originalmente en 1935 como parte de la Ley de Seguridad Social federal para proteger a los niños sin padres asalariados. En 1996, con respaldo bipartidista, Clinton también suscribió la "Ley de Antiterrorismo y Pena Capital Eficaz" así como la "Ley de Reforma de Inmigración y Responsabilidad del Inmigrante", el mayor ataque contra los derechos de los trabajadores nacidos en el exterior desde la Segunda Guerra Mundial. Con los recortes en todo aspecto de los gastos de asistencia social —junto con el efímero "dividendo de paz" de la Posguerra Fría y una bonanza impositiva gracias a la manía de acciones "tecnológicas" de fin de siglo— Clinton y el Congreso encabezado por los republicanos maquinaron el primer superávit presupuestario federal en décadas. Empezando con déficits que habían alcanzado un máximo del 6 por ciento del Producto Interno Bruto estadounidense durante la administración de Ronald Reagan, Clinton terminó sus ocho años con un superávit del 2.4 por ciento.

Clinton resumió su trayectoria en un discurso al DLC en 1996, poco después de ser reelecto a un segundo mandato: "No se trata de qué es liberal o conservador sino de qué nos ["nosotros", la nueva mayoría bipartidista] hará avanzar juntos… Durante años los políticos trataban nuestros ["nuestros", de los patrones y su gobierno] problemas más fastidiosos aquí, como la delincuencia y la asistencia social y el déficit presupuestario, como temas a aprovechar y no como problemas a resolver". Entonces sacó el hacha, herramienta apropiada para un "nuevo demócrata" que era ejecutivo de la austeridad y verdugo. (A comienzos de las primarias del Partido Demócrata en 1992, los Clinton se tomaron un receso de su campaña en la muy reñida contienda de New Hampshire para regresar en avión a Arkansas, no para conmutar la pena de muerte de Ricky Ray Rector, un preso que padecía de lesión cerebral, sino para presidir de forma demostrativa su macabra ejecución).

El servicio prestado por Clinton a la clase dominante capitalista al llevar a cabo este curso durante sus ocho años en la Casa Blanca fue reconocido debidamente hace poco en una publicación norteamericana donde las buenas calificaciones para presidentes del Partido Demócrata son una rareza: la revista conservadora *National Review*. En una valoración necrológica de William F. Buckley (su director fundador y por muchos años voz del ala derecha del Partido Republicano, fallecido en febrero de 2008), John O'Sullivan, sucesor de Buckley como director en 1990, subrayó que con "la victoria de la Guerra Fría y *el afianzamiento del legado nacional de Reagan bajo el presidente Clinton* —cuya presidencia efectuó la reforma de la asistencia social, la expansión de la OTAN, el TLCN, los superávits presupuestarios y otros elementos moderados de la agenda del GOP [Partido Republicano]— Bill [Buckley] había logrado en efecto sus ambiciones políticas... más completamente que cualquier otra figura importante de su época" (el énfasis es nuestro).

Dado el descenso de los salarios reales, las perspectivas de empleo y las condiciones de seguridad en el trabajo, así como la creciente inseguridad inherente al conjunto de las condiciones económicas y sociales que enfrenta el pueblo trabajador en los primeros años del nuevo milenio, ninguno de los contendientes del Partido Demócrata en las primarias presidenciales de 2008 —ya en plena marcha cuando se finalizaba este número de *Nueva Internacional*— puede simplemente reencauchar el historial de la administración Clinton y tener esperanzas de ganar en noviembre. Sin embargo, se ha empujado tan sólidamente el eje de la política burguesa hacia el "centro" que tanto Hillary Clinton como Barack Obama, ni hablar del republicano John McCain, todavía elogian a la antigua administración demócrata y al Congreso bipartidista por su antiobrera "reforma de la asistencia social" y demás leyes de esos años.

❖

En las páginas siguientes Jack Barnes, secretario nacional del Partido Socialista de los Trabajadores y director contribuyente de *Nueva Internacional*, también defiende el argumento de que la administración Clinton fue responsable de medidas decisivas que le permitieron a la clase dominante norteamericana erigir la enorme estructura de deuda doméstica, corporativa y gubernamental y toda la gama de derivados que le acompañan, que están en las raíces de la actual crisis financiera mundial. Ante la competencia interimperialista cada vez más intensa por mercados y fuentes de materias primas y mano de obra de bajo costo —así como la rentabilidad decreciente de todo gasto de capital cuyo objetivo sea aumentar la capacidad industrial y emplear a números crecientes de trabajadores en una producción expandida— a las familias propietarias en Estados Unidos no les quedaba más remedio que emprender este curso impelido por las deudas.

Nadie sabe, ni puede saber, cómo se va a desarrollar la crisis financiera mundial en los próximos años. En marzo de 2008 se restauró cierto grado de estabilización cuando el Banco de la Reserva Federal de Nueva York apostó 30 mil millones de dólares para apuntalar las posibles pérdidas de la casa de inversiones Bear Stearns, la quinta más grande de Estados Unidos, que se iba a la quiebra. Las medidas de la Reserva Federal le señalaron al capital financiero que el gobierno norteamericano asumiría riesgos masivos a fin de prevenir un colapso de deudas en espiral. Pero es un sencillo hecho y no una profecía que, al momento de escribirse estas palabras en mayo de 2008, aún estamos al inicio de fuertes alzas en los pagos de intereses por riesgosas hipotecas de tasa ajustable en Estados Unidos: una ola creciente que continuará hasta bien entrado 2010 y que arrastrará consigo más incumplimientos de pagos de préstamos y ejecuciones hipotecarias, así como mayores pérdidas anuladas (*loss write-offs*) de bancos, fondos de cobertura (*hedge funds*), compañías de seguros y muchos otros tenedores de deudas hipotecarias y contratos de derivados.

Un sinnúmero de políticos burgueses y comentaristas financieros han buscado culpar de la "crisis hipotecaria" al ex presidente de la Reserva Federal, Alan Greenspan. En días más felices, muchos de ellos lo habían alabado —algunos hasta lo coronaron como "el maestro"— por sus servicios brindados a cuatro presidentes demócratas y republicanos entre 1987 y 2006. Los detractores de Greenspan de los últimos días citan discursos que dio en 2004 y 2005 donde exaltó la "innovación que ha generado una multitud de productos nuevos, como los préstamos subprima", que han permitido que compren casas "solicitantes otrora más marginales", eufemismo burgués que significa familias obreras de bajos ingresos.

Sin embargo, Greenspan ha desinflado las pretensiones de estos críticos al señalar su miopía de clase. En sus memorias publicadas en 2007, *The Age of Turbulence* (La era de la turbulencia), Greenspan no ofrece disculpas. Sin importar algún desliz que haya cometido respecto a un tipo específico de hipotecas, dice, "el riesgo valió la pena" para reforzar la propiedad de viviendas. La "protección de los derechos de propiedad, tan vitales para una economía de mercado" —es decir, para los amos del capital— subraya Greenspan, "requiere de una masa crítica de propietarios para mantener el apoyo político".

Para los que ahora lo reprochan, Greenspan está diciendo: ¿Qué plan tienen *ustedes* para que el pueblo trabajador sea más conservador? ¿Qué plan tienen *ustedes* para intentar persuadir a los trabajadores de que también ellos son "propietarios" con un interés en preservar el sistema capitalista? (¿Sabe este protegido casi no practicante de Ayn Rand que sus palabras hacen eco —desde el otro lado de las barricadas— a las de Federico Engels, quien, junto a Carlos Marx, fundó el movimiento obrero comunista moderno? En su folleto *Contribución al problema de la vivienda* de 1873, Engels expuso las operaciones del sistema capitalista bajo las cuales el ser dueño de una vivienda se convierte para los trabajadores en "una cadena" que va a "encadenarlos de nuevo a la tierra" y a "romper su fuerza de resistencia".)

Pero Alan Greenspan por sí solo no es responsable —y no podía serlo— de la expansión casi maniática de las posesiones hipotecarias en Estados Unidos, ni de su inevitable colapso. No cabe duda que no provocó el desinfle de los precios de las viviendas y las crisis hipotecarias que se han desencadenado en el Reino Unido, Irlanda, España y otros países. No es un desbocado presidente de la Reserva Federal —actuando supuestamente en contra del curso y de los intereses de la clase a la que sirve— el responsable de los excesos de las deudas capitalistas.

Al contrario. Durante por lo menos la segunda mitad del tiempo que Greenspan ocupó su puesto, bancos de inversiones como JPMorgan Chase, Goldman Sachs y otros estaban entablando transacciones de derivados cada vez más complejas, con un apalancamiento de aproximadamente 30 a 1 (es decir, 30 dólares en obligaciones de pagos por cada dólar de sus propios activos). Y los llamados fondos de cobertura, empresas de capital riesgo (*equity capital*), comerciantes de divisas, agiotistas de futuros en mercancías alimentarias y otros corredores de lo que Carlos Marx denominó "capital ficticio" estaban haciendo lo mismo, ¡en muchos casos con un apalancamiento de 50 o hasta 100 a 1!

Para finales de 2007, el mercado mundial de estos derivados alcanzó la suma inimaginable de 455 billones (millones de millones) de dólares. Nada más en 2007, la variedad más "popular" de estas apuestas masivamente apalancadas aumentó al doble: las llamadas permutas (*swaps*) de incumplimientos crediticios, una forma de supuesto "seguro" contra el no pago en estas transacciones muy riesgosas. Pero a medida que el rumbo de los mercados financieros cambió a paso acelerado a fines de 2007, el antídoto se convirtió en veneno.

Conforme los gobernantes capitalistas maniobraron en las dos últimas décadas para evitar un bajón económico profundo y simultáneamente mantener bajos los precios y las tasas de interés, su deuda creciente ha sido financiada cada vez más por gobiernos e individuos pudientes alrededor del mundo, los cuales ahora por primera vez en la historia poseen más de la mitad de todos los bonos del Tesoro, el principal instrumento de crédito del gobierno norteamericano.

Los aspirantes a capitalistas que dominan el régimen estalinista en China han sido prestamistas particularmente ávidos para Washington y Wall Street. Para diciembre de 2007 habían comprado casi 500 mil millones de dólares en bonos del Tesoro norteamericano: más del 20 por ciento de estos certificados pendientes de pago a nivel mundial, y avanzando rápidamente para superar a Japón como tenedor de bonos número uno. La política del régimen de Beijing es de ayudar a mantener fuerte el dólar estadounidense y mantener una ventaja competitiva para los bienes manufacturados chinos en los mercados mundiales: sacrificando mejoras en los salarios, el bienestar social y las condiciones de vida de cientos de millones de trabajadores y campesinos en China en aras de aumentar los ingresos por exportación que forran los bolsillos de burócratas privilegiados y de capas propietarias en ascenso en el nuevo mandarinato capitalista. Lo han hecho al mismo tiempo que intensifican la explotación de recursos naturales y de trabajadores y campesinos por toda África, Asia y otras partes del mundo para acumular capital en China.

A finales de 2008 el imperialismo norteamericano ya habrá gastado unos 900 mil millones de dólares para sus guerras en Afganistán e Iraq. Encima de eso, la clase dominante norteamericana ha ondeado la camisa ensangrentada del 11 de septiembre para casi duplicar sus gastos bélicos generales (lo llaman presupuesto de "defensa"): de 308 mil millones de dólares a casi 600 mil millones en 2008. ¿Cómo se están pagando estas guerras? Al menos hasta la fecha, las ha financiado en gran parte Beijing.

De hecho, por primera vez en la historia de Estados Unidos, la clase dominante norteamericana está librando una guerra de mayores proporciones sobre frentes múltiples y por múltiples años sin hacer llamamientos patrióticos al "sacrificio": sin recortar el presupuesto interno del gobierno, sin imponer nuevos impuestos elevados, sin imponerles bonos de la "victoria" al pueblo trabajador y a las clases medias (esta vez Tokio y Beijing están comprando los bonos de la "victoria").

La actual crisis financiera capitalista mundial impactará aún más el nivel de vida, ya en declive, de la clase trabajadora y otras masas productoras. Las aplastantes deudas de hipotecas, ejecuciones hipotecarias, suspensiones de servicios públicos y —para la mayoría de los trabajadores— insostenibles aumentos de alquileres se suman a muchos otros golpes acumulados. Hoy día, el promedio salarial neto de los trabajadores en Estados Unidos, tomando en cuenta la inflación, es inferior a lo que era a mediados de los 70. Los precios de las necesidades básicas se están disparando. Los pagos de intereses de todo tipo constituyen una carga creciente.

Desde 2000 ha estado en ascenso el número de niños que viven por debajo del "nivel de pobreza" fijado por el propio gobierno estadounidense. Casi el 30 por ciento de las familias encabezadas por una mujer ha caído por debajo de ese nivel. Entre las madres solteras en las categorías más bajas de ingresos, el porcentaje que *ni trabaja ni recibe ayuda en efectivo* ha subido del 20 por ciento —antes de la "reforma de la asistencia social" de Clinton— a más del 30 por ciento en la actualidad. El número de personas que dependen de los cupones de alimentos para poner un plato de comida en la mesa ha alcanzado el nivel más alto desde mediados de los años 90, antes de que la administración Clinton excluyera de la elegibilidad a los llamados inmigrantes legales —sí, a los inmigrantes "*legales*"— y otros más.

A pesar de la engañosa tasa "oficial" de desempleo de Washington (que en sí ha estado subiendo desde mediados de 2006), el porcentaje de los hombres entre los 25 y los 54 años que en abril de 2008 carecían de empleo era más del 13 por ciento: más del doble de la cifra que promediaba antes de principios de los años 70, cuando se acabó el ascenso de la curva del desarrollo capitalista posterior a la Segunda Guerra Mundial. Es más, incluso entre los que aparecen como "oficialmente" desempleados, a comienzos de 2008 un 17 por ciento había estado desempleado por más de medio año. Casi 5 millones de personas trabajaban involuntariamente a tiempo parcial, y 7.5 millones desempeñaban una combinación de dos empleos a tiempo completo o parcial.

❖

Las dos actuales guerras organizadas por Washington en Iraq y Afganistán han durado mucho más que la participación de Washington en la Segunda Guerra Mundial. Y van a continuar.

Ni uno solo de los contendientes presidenciales del Partido Demócrata o Republicano apoya el único curso que responde a los intereses del pueblo trabajador en Estados Unidos y el mundo: *la retirada inmediata e incondicional* de *todas* las tropas estadounidenses de Iraq *y también* de Afganistán, y de cualquier otro país donde haya destacamentos de fuerzas norteamericanas.

Los tres candidatos dicen que el gobierno norteamericano debe dedicar más soldados estadounidenses a Afganistán y que debió haberlo hecho desde hace mucho. McCain, quien va cerrando la brecha con Obama y Clinton en los sondeos, está apostando gran parte de su campaña en presentarse como el candidato cuyo apoyo enérgico a la "oleada" (*surge*) de soldados en Iraq y a su extensión a Afganistán ofrece la mejor posibilidad de regresar más pronto a casa al mayor número de soldados norteamericanos.

❖

Se le ha dado mucha importancia al discurso sobre la "raza" que Barack Obama pronunció en marzo de 2008 en Filadelfia. Los liberales del Partido Demócrata (aparte del campo de Clinton) se deshicieron en elogios. El Partido Comunista de Estados Unidos lo alabó como "un discurso para la posteridad".

Las voces conservadoras prominentes se dividieron. En las páginas del *Wall Street Journal* y la *National Review*, algunos elogiaron el discurso de Obama como "sutil, serio y patriótico" y como "el discurso de un hombre pensante". Por otro lado, Patrick Buchanan —quien sonríe jovialmente en programas de entrevistas televisivas, mientras muestra los colmillos en otros lugares para beneficio de los seguidores del campo ultraderechista— respondió con una columna sindicada bajo el título, "Una orden para el blanquito". El discurso de Obama, dijo Buchanan, "es el mismo embuste de siempre, la misma extorsión de siempre que los estafadores negros han llevado a cabo... América ha sido el mejor país del mundo para los negros. Fue aquí que 600 mil negros, traídos de África en barcos de esclavos, crecieron hasta ser una comunidad de 40 millones, fueron expuestos a la salvación cristiana y alcanzaron los más altos niveles de libertad y prosperidad que los negros han conocido jamás... Oímos sus quejas. ¿Dónde está la gratitud?"

El hecho que Obama pueda postularse para presidente

en 2008 y presentar una charla como la que dio en Filadelfia muestra cuánto han logrado las luchas de masas en las calles por los derechos de los negros desde los días cuando actitudes reaccionarias como las de Buchanan eran la política del gobierno en gran parte de Estados Unidos, impuesta no solo por la policía y los tribunales sino también, en muchos casos, por turbas de linchadores y racistas jinetes nocturnos.

Pero el único mensaje de Obama al pueblo trabajador de todos los matices es el viejo llamamiento burgués a dejar de lado la lucha de clases en nombre de una inexistente unidad de clase y del americanismo. "Abrigamos esperanzas comunes", dijo —no refiriéndose al "nosotros" de la gran mayoría trabajadora del mundo, sino a un "nosotros", según las palabras de Obama, de los "ricos y pobres"—. "Verdaderamente somos uno solo", sermoneó. "Luchamos juntos y sangramos juntos bajo una misma bandera orgullosa". "Necesitamos unidad… para resolver un conjunto de problemas monumentales… que enfrentamos todos". "No nos queda más remedio si es que vamos a continuar por la senda de una unión más perfecta".

Sin embargo, nada de eso es cierto. Ni una sola palabra. Los ricos y los pobres, los capitalistas de la clase dominante y la clase trabajadora, los opresores y los oprimidos *no* somos uno. *No* abrigamos "esperanzas comunes"; *ellos*, las familias propietarias dominantes, "esperan" mantener su riqueza y su poder gracias a la explotación de nuestra mano de obra hasta tiempos inmemoriales. *Su* bandera se ha convertido en un símbolo odiado de hambre, degradación económica y social, y negación sangrienta de la soberanía nacional de miles de millones de nuestros hermanos trabajadores y agricultores por todo el mundo. Somos nosotros, los trabajadores, y no ellos, los explotadores, a quienes envían a pelear y morir bajo esa bandera. Para el pueblo trabajador no puede haber y no habrá "una unión más perfecta" con las familias dominantes del imperialismo norteamericano en el poder.

❖

El criterio de clase opuesto al de Obama se presenta en el artículo principal de *Nueva Internacional*, "Revolución, internacionalismo y socialismo: el último año de Malcolm X" por Jack Barnes. Es una sección del libro *La liberación negra y la lucha por el poder obrero*, a publicarse en los próximos meses de 2008, y cuyo contenido Barnes describe en el artículo.

Al abordar el impacto de la raza en la política estadounidense y mundial, dice Barnes, los trabajadores de disposición revolucionaria deben comenzar "con los antecedentes históricos del papel y del peso de vanguardia de los proletarios que son negros —un papel y un peso desproporcionados en comparación con su porcentaje entre el pueblo trabajador de este país— en las amplias luchas sociales y políticas de dirección proletaria en Estados Unidos".

Desde ese punto de partida, Barnes se enfoca en la evolución política de Malcolm X —uno de los más destacados dirigentes revolucionarios en el siglo pasado de la lucha negra y del pueblo trabajador a escala mundial— durante el último año de su vida. Barnes impugna el criterio de los que insisten que Malcolm siguió siendo nacionalista negro hasta que fue asesinado en febrero de 1965, aun si ya no era un nacionalista negro "puro y sencillo" sino uno que también sentía atraído más y más al socialismo.

"¿Por qué no sencillamente apegarse a los hechos —responde Barnes— al menos a las propias palabras de Malcolm?"

> Malcolm había sido por mucho tiempo un opositor intransigente del imperialismo. Durante el último año de su vida, se volvió un opositor declarado del capitalismo, y se interesaba más y más en el socialismo. Se había vuelto defensor de la revolución socialista en Cuba y de su dirección internacionalista proletaria. Aclamaba al gobierno revolucionario en Argelia encabezado por Ahmed Ben Bella y otros dirigentes que proclamaban abiertamente su curso y sus convicciones socialistas. Malcolm promovía el periódico *The Militant* y estaba ahondando su colaboración política con el Partido Socialista de los Trabajadores y la Alianza de la Juventud Socialista, dos organizaciones comunistas...
>
> Lo esencial para entender a Malcolm X es que podemos ver el hecho —no la esperanza, no la fe, sino el *hecho*— que, en la época imperialista, el liderazgo revolucionario de la más alta capacidad política, valentía e integridad converge *con* el comunismo, no solo *hacia* el movimiento comunista. Esa verdad tiene un peso aún mayor en la actualidad, en tanto la violenta expansión del capitalismo mundial arroja a miles de millones de personas por todo el mundo, en las ciudades y el campo, desde China hasta Brasil, a la lucha de clases moderna. Al constatar en la vida cómo se desarrolla ese proceso, adquirimos confianza en las perspectivas de la revolución mundial, en el desarrollo de una dirección revolucionaria proletaria genuinamente mundial.

La historia política de más de un siglo de lucha de los afroamericanos, junto con su peso social y su composición desproporcionadamente proletaria, dice Barnes, confirman lo que reconoce el movimiento comunista, que en las décadas que vienen, los trabajadores que son negros formarán una parte más grande que nunca en la historia de Estados Unidos de los batallones de vanguardia de la clase trabajadora que luchan siguiendo el camino hacia un gobierno de trabajadores y agricultores. En el transcurso de luchas comunes con otros trabajadores, entre ellos números crecientes de inmigrantes, se hará frente a las divisiones políticas por raza y origen nacional que la clase dominante fomenta y —bajo un liderazgo con conciencia de clase— se superarán estas divisiones.

Una revolución socialista en Estados Unidos, subraya Barnes, abrirá la posibilidad de *utilizar* ese nuevo poder proletario, "que es con mucho el instrumento más poderoso que jamás los trabajadores combativos pueden empuñar para erradicar el racismo, la opresión nacional y la condición de segunda clase de la mujer" y "sentar las bases para establecer la solidaridad humana sobre cimientos nuevos y comunistas. *Esa* es la promesa de la dictadura del proletariado: la *conquistaron*, ahora *úsenla* para *completar* la tarea".

❖

¿Es posible que los trabajadores y agricultores en Estados Unidos luchen por dicho gobierno revolucionario y lo establezcan?

La respuesta es política y práctica, como se explica en un nuevo folleto que la editorial Pathfinder publicó cuando se daban los últimos toques a este número de *Nueva Internacional.* Titulado *¿Es posible una revolución socialista en Estados Unidos?*, el folleto contiene la presentación de Mary-Alice Waters, directora de *New International* y dirigente del Partido Socialista de los Trabajadores, que inauguró un foro de cinco días durante la Feria Internacional del Libro de Venezuela de 2007 celebrada en Caracas en torno al tema: "Estados Unidos, una revolución posible". El folleto es un complemento apropiado del libro de la Pathfinder *Cuba y la revolución norteamericana que viene* por Jack Barnes.

Los partidarios del movimiento comunista se organizaron para producir el nuevo título, en inglés y en español, a tiempo para utilizarlo de la forma más amplia posible en la semana previa al Primero de Mayo, el día festivo obrero a nivel internacional que en años recientes ha renacido como jornada de lucha de una vanguardia del pueblo trabajador en Estados Unidos. En 2006 y 2007 cientos de miles de trabajadores abandonaron sus labores y se volcaron a las calles de ciudades y pueblos para exigir la legalización de los inmigrantes indocumentados. Y a pesar de que muchos organizadores y partidarios de las anteriores actividades se opusieron activamente a convocar manifestaciones en 2008, y más bien orientaron sus recursos hacia la inscripción de votantes, este año decenas de miles de trabajadores nuevamente no fueron a trabajar y se sumaron a protestas por todo el país. La lucha por lograr la legalización es una cuestión política de vida o muerte para el movimiento obrero y para toda la clase trabajadora en Estados Unidos.

"Sí, una revolución sí es posible en Estados Unidos", responde Waters a la pregunta planteada en el título del folleto. Es más, una "*lucha* revolucionaria del pueblo trabajador… es *inevitable*". Lo que *no* está predeterminado, dice Waters, es "el resultado de estas luchas revolucionarias que vienen. Es ahí donde es decisiva la claridad política, la organización, disciplina y el calibre de la dirección proletaria. Por eso lo que hagamos *ahora* —qué tipo de núcleo de qué tipo de organización revolucionaria construimos hoy, mientras que haya tiempo para prepararse— influye tanto".

Cada uno de los artículos en este número de *Nueva Internacional* aborda ciertos aspectos de cómo hacer precisamente eso: forjar partidos proletarios políticamente preparados y templados en la lucha para llevar a cabo este curso revolucionario.

❖

Como descubrirán los lectores en "Revolución, internacionalismo y socialismo: el último año de Malcolm X", Malcolm se había convencido cada vez más de la necesidad política de que los jóvenes de disposición revolucionaria —en Estados Unidos, África, Asia y otras partes— "trabajaran juntos, que compartieran materiales, que aprendieran unos de otros". Como dijo Malcolm ante un público estudiantil en la Universidad de Oxford en el Reino Unido unos meses antes de su asesinato, "La joven generación de blancos, negros, morenos y demás" está viviendo en "una época de revolución". "Por mi parte", dijo Malcolm, "me voy a unir a quien sea; no me importa del color que seas, siempre que quieras cambiar las condiciones miserables que existen en esta Tierra".

El trabajo de organización que los comunistas y otros jóvenes de disposición revolucionaria en el mundo han realizado con ese ánimo —y sus discusiones y debates sobre cómo hacerlo de manera eficaz— son el tema central de otro artículo en este número, "Para dejar claro el historial sobre el fascismo y la Segunda Guerra Mundial: forjando una Federación Mundial de la Juventud Democrática que lucha contra el imperialismo y la guerra".

En abril de 2005, las direcciones de la Juventud Socialista y del Partido Socialista de los Trabajadores en

Estados Unidos respondieron a una solicitud de los organizadores del XVI Festival Mundial de la Juventud y los Estudiantes, celebrado en Caracas, Venezuela, en agosto de ese año, pidiendo comentarios y sugerencias de todas las organizaciones participantes sobre el calendario de actividades propuesto para el festival. La respuesta de la Juventud Socialista instaba a los organizadores del festival a enfocar las actividades del último día en la defensa de Venezuela contra las amenazas y presiones imperialistas norteamericanas, en vez de aprobar una propuesta iniciada por los dirigentes juveniles de los Partidos Comunistas en Grecia, Portugal y otros países para cambiar el tema de ese día al de "60 años desde la victoria popular antifascista en la Segunda Guerra Mundial".

Los programas contrapuestos reflejaban criterios encontrados sobre el curso político de la Federación Mundial de la Juventud Democrática. Los dirigentes de las organizaciones juveniles estalinistas intentaban dar marcha atrás a la trayectoria política antiimperialista que había caracterizado los festivales de 1997 y 2001 en La Habana y Argel, y, según resultó, también el festival de 2005 en Caracas. Para una nueva generación de jóvenes que participaron en el festival, la carta de las direcciones de la JS y del PST constituyó una educación reveladora acerca de los múltiples conflictos de clases que a menudo se opacan bajo la expresión general "Segunda Guerra Mundial".

❖

"La custodia de la naturaleza recae también en la clase trabajadora: en defensa de la tierra y del trabajo", una declaración redactada por Jack Barnes, Steve Clark y Mary-Alice Waters, fue aprobada por el congreso del Partido Socialista de los Trabajadores en julio de 2007.

Presenta un curso obrero revolucionario para superar las desastrosas consecuencias que implica para la humanidad la relación contradictoria —el *conflicto* cada vez más agudo, así como la dependencia mutua— de la tierra y del trabajo a través de los milenios desde el origen de la propiedad privada.

La transformación de la naturaleza por el trabajo, explican los socialistas, crea toda la riqueza y la cultura. La creciente productividad del trabajo social mediante la aplicación práctica de la ciencia y la tecnología tiene el potencial de disminuir la carga y los peligros del trabajo, aumentar el bienestar humano y salvaguardar y mejorar el ambiente natural. Sin embargo, en el capitalismo, que es el último de los sistemas de propiedad explotadores en el mundo, ese potencial liberador queda patas arriba. El trabajo se convierte en el peligro más grande tanto para la naturaleza como para sí mismo. Como resultado de la competencia incesante para maximizar las ganancias, ese peligro no solo siempre está presente, sino que está creciendo. Los frutos de la aplicación del trabajo *empeoran* cada vez más los peligros a la vida y al bienestar físico de los trabajadores; *contaminan* el suelo, las aguas y los cielos; y *amenazan* la supervivencia misma de la humanidad con la creciente probabilidad de que tarde o temprano se van a emplear los arsenales masivos de armas y sistemas de lanzamiento nucleares.

La declaración del PST publicada aquí complementa los números 6 y 7 de *Nueva Internacional,* en los que se destacan los artículos “Ha comenzado el invierno largo y caliente del capitalismo” y “Nuestra política empieza con el mundo”. En su conjunto, explican por qué la línea de marcha de los trabajadores hacia la *transformación política revolucionaria* de las relaciones sociales existentes y nuestra propia transformación al hacerlo deben ser esenciales en una estrategia para frenar y revertir estas ruinosas consecuencias de las operaciones del capitalismo. Y fundamentan esta defensa de la tierra y del trabajo en la continuidad política del movimiento obrero comunista moderno desde que se originó a mediados del siglo XIX.

La declaración explica por qué las campañas burguesas de histeria y catastrofismo —desde los pánicos sobre las epidemias de influenza y la enfermedad de las "vacas locas", hasta el impacto para los seres humanos y otras consecuencias naturales de verter las emisiones de carbono en la atmósfera terrestre— pretenden impedir que los trabajadores "reconozcamos la verdadera causa de estas amenazas a la civilización: el modo capitalista de producción, el orden imperialista mundial y la enorme riqueza y poder que los gobernantes exprimen de los productores explotados".

La política "verde y roja" de las corrientes de clase media en el movimiento obrero hoy día, "al igual que la política de 'paz' y el 'pacifismo', son expresiones de la política *burguesa*", señala la declaración. "Su rumbo se aleja de la lucha por la acción política obrera independiente y la conquista del poder por los trabajadores y agricultores: el único camino hacia la paz y una defensa eficaz del trabajo y del suelo, las aguas y la atmósfera del planeta. Únicamente por ese camino de lucha revolucionaria se podrá conquistar y se conquistará, como derivados, logros concretos para el pueblo trabajador".

Por *esa* vía proletaria, la clase trabajadora y nuestros aliados podremos hallar y hallaremos respuestas a las principales cuestiones de política estadounidense y mundial que enfrentamos por todo el mundo: guerras imperialistas, crisis financieras globales, la propagación del hambre, inflación y desempleo, intolerancia racista, la opresión de la mujer, ataques del gobierno contra los derechos políticos de los trabajadores para organizarnos y tomar acción, la destrucción del trabajo y de la naturaleza por parte del capital, y más. Los invitamos a que den vuelta a la página y se sumen con nosotros a esa marcha.

Steve Clark
Mayo de 2008

US$12

US$20

US$15

Tres libros para ser leídos juntos . . .

sobre la construcción de un partido que es proletario en su programa, composición y conducta. Que reconoce, con palabras y acciones, el hecho más revolucionario de esta época . . .

. . . que los trabajadores tenemos la capacidad de crear un mundo diferente cuando actuamos juntos para defender nuestros intereses, no los de la clase que se enriquece explotando nuestra mano de obra, ni los de aquellos que nos temen como "deplorables" o incluso "basura".

Al seguir un rumbo revolucionario hacia el poder obrero, vamos a transformarnos y descubrir nuestro valor propio. También en inglés, francés, persa y griego.

¡Oferta especial!
Los tres por US$30

El viraje a la industria junto con *Los tribunos del pueblo y los sindicatos* US$20

Cualquiera de estos dos libros junto con *Malcolm X, la liberación de los negros y el camino al poder obrero* US$25

PATHFINDERPRESS.COM

¿ES POSIBLE UNA REVOLUCIÓN SOCIALISTA EN ESTADOS UNIDOS?

Ya superamos el punto más bajo de la resistencia del pueblo trabajador

El Partido Socialista de los Trabajadores mira hacia adelante

JACK BARNES, MARY-ALICE WATERS
STEVE CLARK

El orden global impuesto por Washington tras su victoria en la Segunda Guerra Mundial se está desmoronando. Se acabó el largo repliegue de la clase obrera y los sindicatos. Los patrones y su gobierno aumentan sus ataques a nuestros salarios, condiciones y derechos constitucionales. Este libro destaca las oportunidades para forjar un partido obrero de masas capaz de dirigir una lucha que ponga fin al dominio capitalista y abra paso a un futuro socialista para la humanidad. US$10. También en inglés y francés.

Cuba y la revolución norteamericana que viene

JACK BARNES

Un libro sobre el ejemplo del pueblo cubano: que una revolución socialista no solo es necesaria sino es posible. Sobre las luchas del pueblo trabajador, y los jóvenes atraídos a ellas, en Estados Unidos, donde hoy las fuerzas gobernantes descartan las capacidades revolucionarias de los trabajadores tanto como descartaron las del pueblo cubano. Y de forma igualmente errada. US$10. También en inglés, francés y persa.

Es posible una revolución socialista en Estados Unidos?

Un debate necesario entre el pueblo trabajador

MARY-ALICE WATERS

US$7. También en inglés, francés y persa.

CONTINUIDAD Y PROGRAMA COMUNISTA

¡Nuevo!

La lucha contra el odio antijudío y los pogromos en la época imperialista

Lo que está en juego para la clase trabajadora internacional

V.I. LENIN, LEÓN TROTSKY
FARRELL DOBBS, JAMES P. CANNON
JACK BARNES, DAVE PRINCE

El odio antijudío y los pogromos —como el que Hamás desató el 7 de octubre de 2023— hoy son parte de las permanentes convulsiones sociales y guerras de la época imperialista. Por eso, combatir el odio a los judíos es decisivo para la clase trabajadora y las naciones oprimidas de todo el mundo. Los autores responden a la pregunta primordial: *Qué hacer para ponerle fin* de una vez por todas. US$10. También en inglés y francés.

Revolutionary Continuity

Marxist Leadership in the U.S.

(Continuidad revolucionaria: Liderazgo marxista en EEUU)

Los primeros años, 1848–1917
Nacimiento del movimiento comunista, 1918–1922

FARRELL DOBBS

"Generaciones sucesivas de revolucionarios proletarios han participado en los movimientos de la clase trabajadora y sus aliados… Los marxistas de hoy no solo debemos rendirles homenaje por sus acciones. Tenemos el deber de aprender de lo que hicieron mal y lo que hicieron bien para no repetir sus errores". —*Farrell Dobbs*. Dos tomos en inglés, US$17 cada uno.

EL LEGADO ANTIOBRERO DE LOS CLINTON: RAÍCES DE LA CRISIS FINANCIERA MUNDIAL DE 2008

FOTOS: AP / WIDE WORLD PHOTOS

"La administración Clinton consolidó un desplazamiento en sentido antiobrero de la política nacional del Partido Demócrata que aumentó la convergencia política de los dos principales partidos de la clase patronal".

ARRIBA: Clinton firma ley para "acabar con la asistencia social [*welfare*] según la conocemos", 22 de agosto de 1996, el mayor éxito de la clase dominante en socavar el sistema del Seguro Social conquistado en luchas del pueblo trabajador durante el ascenso obrero de los años 30 y el movimiento negro por la libertad que culminó en los 60. **ABAJO:** Congresista Newt Gingrich de Georgia en mitin para candidatos republicanos al Congreso, septiembre de 1994. La nueva mayoría republicana electa ese año acogió las principales propuestas legislativas de Clinton.

EL LEGADO ANTIOBRERO DE LOS CLINTON: RAÍCES DE LA CRISIS FINANCIERA MUNDIAL DE 2008

por Jack Barnes

Han pasado siete años desde que William Clinton dejó la Casa Blanca. Al escuchar a Hillary Clinton, Barack Obama y otros demócratas prominentes, y al propio ex presidente, casi todos los males actuales —desde la guerra en Iraq hasta las mayores dificultades para el pueblo trabajador y la orgía destructiva de las altas finanzas, entre otros— se les pueden achacar a George W. Bush y al Partido Republicano. En las actividades electoreras de las primarias demócratas de 2008, a Bill Clinton le ha dado por describir con modestia el período 1993–2001 como "los mejores ocho años que nosotros hemos tenido en la historia moderna". (Sí, "nosotros").

Corrientes en el movimiento obrero como el Partido Comunista de Estados Unidos, al igual que la mayoría de los radicales de clase media y autoproclamados socialistas, promueven insistentemente este mismo cuento de que "el problema es Bush". Todos ellos pretenden que creamos que la política que se ha llevado a cabo desde 2001, a nivel nacional e internacional, la crearon los republicanos de la nada.

Al tratar de validar su acusación, los demócratas y sus defensores cuentan con que tengamos mala memoria. Pero los trabajadores con conciencia de clase no tenemos la capacidad de concentración histórica tan breve que esperan los demócratas. En realidad, la administración Clinton consolidó un desplazamiento en sentido antiobrero de la política nacional del Partido Demócrata que aumentó la *convergencia política* de los dos principales partidos de la clase patronal. Los elementos más importantes de la política nacional e internacional que hoy día muchos atribuyen a la administración Bush tuvieron sus orígenes durante los años de Clinton-Gingrich-Rubin.

La certeza de esa evaluación queda evidente a partir de los dos artículos que aparecen a continuación.

El primero se escribió a comienzos de 2001, sin conocimiento de lo que haría la administración Bush. Se tomó de la edición de 2001 de *Cuba y la revolución norteamericana que viene,* basado en partes de una charla que se presentó en eventos públicos en Seattle y Nueva York en marzo de 2001. Esas reuniones celebraron el 40 aniversario de la victoria del pueblo cubano sobre la invasión mercenaria organizada por Washington en Bahía de Cochinos, la primera derrota militar del imperialismo norteamericano en América.

El segundo lo he editado para publicar en este número de *Nueva Internacional* a partir de varias charlas e informes que se dieron a fines de 2007 y comienzos de 2008.

EVALUACIÓN DE 2001

WILLIAM JEFFERSON CLINTON, el político a quien los liberales, con cara impasible, describen como "el primer presidente negro", acaba, por fin, de terminar su manda-

---

to. Desde el principio, hace ocho años, los trabajadores comunistas insistimos en que Clinton no era amigo de la clase trabajadora, que iba a ser un presidente de guerras, un presidente de prisiones, un presidente de la pena de muerte, en resumen, un presidente, como los que le precedieron, cuya trayectoria a nivel nacional e internacional iba encaminada a defender los intereses de clase de las familias dominantes norteamericanas. Podemos decir con seguridad lo mismo del sucesor de Clinton, George W. Bush, y del Congreso, tanto antes como ahora.

Apenas unas horas antes de que Bush prestara juramento el 20 de enero, Clinton dio la orden para que aviones de guerra norteamericanos bombardearan objetivos civiles en el sur de Iraq. Luego, menos de un mes después, Bush despachó aviones norteamericanos a que atacaran barrios en las afueras de Bagdad, lanzando 28 bombas de racimo. Estas armas, que dispersan miles de pequeños dispositivos explosivos, están diseñadas con un solo objetivo: matar y mutilar, despedazar al número máximo de hombres, mujeres y niños. (El *Militant* fue el único periódico donde uno pudo haberse enterado de las bombas de racimo, a no ser que hubiera visto la edición en línea del *Washington Post* el 26 de febrero. Los directores del *Post* se aseguraron que el artículo jamás apareciera en la edición impresa).

Los ataques de Clinton y Bush contra Iraq fueron prácticamente una repetición del traspaso de poderes de Bush padre a Clinton en enero de 1993. Durante los días previos a la juramentación de Clinton, la administración republicana saliente desató una lluvia de bombas contra Iraq, y la nueva administración demócrata le siguió la pauta la semana siguiente. Desde entonces, las fuerzas armadas norteamericanas y británicas han continuado los bombardeos a Iraq casi sin cesar: en realidad nunca ha terminado el estado de guerra contra Iraq. Cada semana han muerto civiles iraquíes en esos ataques. Aún más han resultado heridos, muchos de ellos mutilados de por vida.

El uso de las nefastas bombas de racimo contra el pueblo iraquí por parte de Washington debe recordarnos otra cosa que dijo José Ramón Fernández en su testimonio.[1] El general cubano informa que en Bahía de Cochinos el gobierno norteamericano había abastecido a los mercenarios con bombas de napalm, que utilizaron contra los cubanos que defendían su soberanía e integridad territorial. Citando un relato publicado por uno de los pilotos mercenarios, Fernández señala que los aviones de los invasores llevaban tres toneladas de estas armas, que lanzan una gelatina incendiaria que se pega a la carne de los seres humanos, quemando y asfixiándolos mortal-

1. En una parte anterior de *Cuba y la revolución norteamericana que viene*, Barnes se refirió al testimonio que el general de brigada José Ramón Fernández ofreció en julio de 1999 ante el Tribunal Provincial Popular de la Ciudad de La Habana. El tribunal celebró un juicio sobre una demanda que ocho organizaciones cubanas habían entablado para exigir que el gobierno norteamericano pagara indemnizaciones por las miles de muertes y los miles de millones de dólares en destrucción física causados por los intentos de Washington durante décadas de derrocar la Revolución Cubana. Fernández estuvo al mando de la principal columna de las fuerzas revolucionarias cubanas que derrotaron la invasión mercenaria organizada por Washington en Bahía de Cochinos en abril de 1961. Fernández, quien ya no está en servicio activo en las Fuerzas Armadas Revolucionarias de Cuba, es vicepresidente del comité ejecutivo del Consejo de Ministros del gobierno cubano.

El testimonio de Fernández se encuentra en el libro *Playa Girón/Bahía de Cochinos: primera derrota militar de Washington en América* (Pathfinder, 2001).

mente. Las reglas internacionales de guerra firmadas por los gobiernos de todo el mundo, le recordó Fernández al tribunal en La Habana, prohíben "el empleo de armas y proyectiles o materiales destinados a causar aquellos males, aquellos daños contrarios a las leyes normales de la humanidad. Y nos encontramos que, violando lo anterior, esas bombas están siendo utilizadas por las Fuerzas Armadas de Estados Unidos".

En la medida que muchos estamos conscientes del uso del napalm por los gobernantes norteamericanos, a menudo lo asociamos exclusivamente con el sufrimiento atroz que Washington infligió a decenas de miles de campesinos y trabajadores durante la guerra de Vietnam. Pero el imperialismo estadounidense también lo había empleado contra los japoneses en el Pacífico, al arrasar brutalmente el norte de Corea unos años después, y contra el pueblo cubano en Bahía de Cochinos. (El imperialismo francés lo utilizó también durante sus fallidas guerras para aplastar las luchas independentistas argelina y vietnamita).

Podemos dar muchos ejemplos más de esta política bélica bipartidista.

AUNQUE BUSH DEL GRAN PETRÓLEO no rivalice el historial del presidente más pro-israelí desde Harry Truman, su administración sí continuará la política de la Casa Blanca de Clinton de apoyar los ataques asesinos de Tel Aviv contra los palestinos que luchan por la devolución de su patria.

Ambos partidos perseguirán sus intentos en los Balcanes —de Bosnia a Serbia, pasando por Kosova y ahora Macedonia— de derrocar las conquistas de la Revolución Yugoslava, restaurar ahí las relaciones sociales capitalistas, integrar sus componentes a la Unión Europea y a la Organización del Tratado del Atlántico Norte (OTAN) y reforzar el peso del imperialismo norteamericano como la potencia militar "europea" predominante. Las diferencias serán tácticas, es decir, discreparán sobre cómo lograrlo de la manera más eficaz.

Bajo Clinton, la expansión de la OTAN ha extendido el alcance de la fuerza armada de Washington hasta las fronteras mismas de la antigua Unión Soviética. Durante la campaña presidencial, tanto Albert Gore como George W. Bush abogaron por una mayor expansión. Los próximos países en la lista —Lituania, Letonia y Estonia— acercarían la presión militar imperialista aún más a los principales centros urbanos del estado obrero en Rusia.[2]

Las administraciones de Clinton y de Bush, con el respaldo bipartidista del Congreso, han impulsado planes para un sistema contra misiles balísticos. Washington pretende establecer su capacidad de lanzar un primer ataque nuclear frente a todas las potencias mundiales que tienen

---

2. En 1999, cuando Clinton aún era presidente, tres ex miembros del Pacto de Varsovia dominado por Moscú, disuelto en 1991, habían sido admitidos a la OTAN: la República Checa, Hungría y Polonia. Ya se celebraban conversaciones sobre la integración de varios miembros más del antiguo Pacto de Varsovia o gobiernos surgidos de la disolución de la Unión Soviética y Yugoslavia. En 2004 la OTAN admitió como miembros a las antiguas repúblicas soviéticas de Estonia, Letonia y Lituania; a la antigua república yugoslava de Eslovenia; y a Bulgaria, Rumania y Eslovaquia. Las discusiones sobre la afiliación se encuentran en distintas etapas en los casos de las antiguas repúblicas soviéticas de Georgia y Ucrania; de las antiguas repúblicas yugoslavas de Croacia, Macedonia, Bosnia y Herzegovina, y Montenegro; y de Albania, que abandonó el Pacto de Varsovia en 1962 tras la escisión chino-soviética.

M. DESPOTOVIC

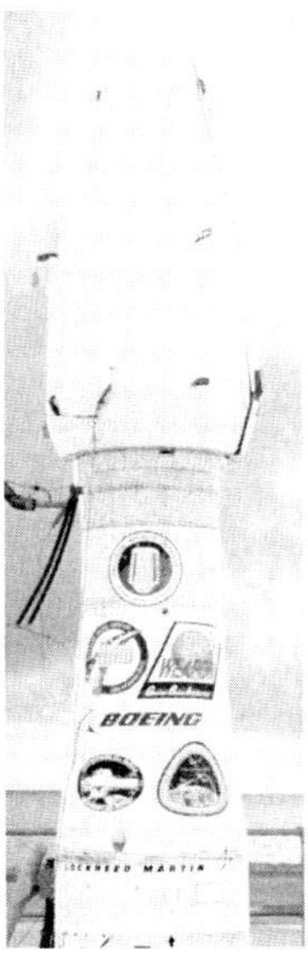

AP / WIDE WORLD PHOTOS

“Librando una ‘guerra al terrorismo’ mucho antes del 11 de septiembre, la administración Clinton sentó las bases de las medidas de la burguesía imperialista para ‘transformar’, reestructurar y fortalecer su postura militar, tanto dentro de Estados Unidos como en el exterior”.

ARRIBA: Buscando derrocar conquistas de la Revolución Yugoslava, entre 1992 y 1999, Washington y otras potencias de la OTAN realizaron 200 mil vuelos sobre Yugoslavia, incluida una devastadora campaña de bombardeos de 80 días en 1999. En la foto, entierro de un obrero de planta de máquinas herramienta muerto en bombardeo de Nis, Serbia, abril de 1999.

ABAJO: Cohete norteamericano contra misiles balísticos (ABM) en Islas Marshall en el Océano Pacífico, 1999. En junio de ese año Washington logró con éxito su primera prueba interceptora con un ABM.

arsenales nucleares, desde Moscú hasta París y Londres. Como hicieron los gobernantes estadounidenses al fundarse la OTAN en 1949, *ante todo* pretenden utilizar su poderío militar para aumentar su dominación política con relación a "Europa".

En términos más inmediatos, un sistema norteamericano contra misiles balísticos apuntará hacia China y Corea del norte, dos países en Asia donde se libraron del yugo imperialista y derrocaron las relaciones sociales capitalistas hace medio siglo. Washington ya tiene cientos de misiles con ojivas nucleares que apuntan contra estos dos países. Además, los gobernantes de Estados Unidos quieren infundirle terror al gobierno de cualquier país semicolonial —Iraq, Irán, India, Paquistán— que haya construido defensas basadas en misiles que pudieran utilizarse contra una futura agresión imperialista. Los planes, ya iniciados bajo Clinton, de desarrollar un sistema de Defensa contra Misiles de Teatro (TMD) basado en Alaska, servirán como punto de partida para que la administración de Bush haga propuestas más extensas de Guerras de las Galaxias, cuyo objetivo final será una plataforma de ataque basada en submarinos y en el espacio que apunte contra los misiles en la fase de ascenso.

POR ÚLTIMO, CON RELACIÓN especial a la celebración de hoy de la victoria de los defensores cubanos en Playa Girón, debemos señalar el abrumador apoyo bipartidista que Washington ha tenido en sus 40 años de continua agresión económica, política y militar contra la Revolución Cubana. Durante los últimos meses de su presidencia, Clinton firmó un proyecto de ley de financiamiento agrícola que —además de forrar los bolsillos, nuevamente, de las grandes empresas agropecuarias y los agricultores capitalistas a costa de los pequeños agricultores— contenía una enmienda que convertía ciertas restricciones administrativas a los viajes a Cuba, que han existido por mucho tiempo, en ley federal. Ahora los residentes de Estados Unidos que visitan Cuba encaran sanciones criminales, además de las civiles.

Entre otros actos hostiles hacia la Revolución Cubana durante su mandato de ocho años —actos demasiado numerosos para repasar— Clinton promulgó en 1996 la Ley de Libertad y Solidaridad Democrática Cubana, también conocida como la Ley Helms-Burton, la cual reforzó el embargo económico norteamericano contra Cuba. Cuatro años antes, siendo el candidato demócrata en 1992, él tomó la iniciativa de promover otra medida para reforzar la guerra económica de Washington contra Cuba, la mal llamada Ley de la Democracia Cubana, o Ley Torricelli, que firmó el presidente republicano de ese entonces. La nueva administración Bush, tanto con palabras como con hechos, está cumpliendo su propia promesa de campaña de continuar esa trayectoria.[3]

---

3. En uno de los actos de agresión más demostrativos contra el pueblo cubano en los últimos 50 años, la administración Clinton también fue responsable de encarcelar bajo cargos falsos a cinco revolucionarios cubanos que vivían en el sur de Florida: Gerardo Hernández, Ramón Labañino, Antonio Guerrero, Fernando González y René González. Los cinco fueron arrestados bajo acusaciones falsas en septiembre de 1998, cuando el FBI anunció con bombos y platillos que había descubierto una "red de espías cubanos" en Florida. Tras pasar 17 meses en prisiones federales, la mayoría del tiempo en confinamiento solitario, los cinco fueron sometidos a juicio. En junio de 2001, poco después del traspaso de poderes de Clinton a Bush, cada uno de ellos fue declarado culpable de cargos de "conspirar para actuar como

También se ha profundizado sobre muchos frentes la guerra de los patrones y sus dos partidos contra el pueblo trabajador dentro de Estados Unidos.

El hito en este ataque, tanto para la administración Clinton como para el Congreso controlado por los republicanos, fue la llamada Ley de Reconciliación de Responsabilidad Personal y Oportunidad de Empleo, promulgada en 1996. Esta medida eliminó la Ayuda para Familias con Hijos Dependientes y limitó los beneficios de asistencia pública a una familia determinada a no más de cinco años para toda la vida. La "reforma" de Clinton fue más que una encarnación de su promesa electoral reaccionaria, cuatro años antes, "de acabar con la asistencia social [*welfare*] según la conocemos". Fue el mayor éxito de los gobernantes hasta la fecha al empezar a erosionar el sistema federal del Seguro Social: conquista que el pueblo trabajador logró con las luchas que forjaron los sindicatos industriales en los años 30 y que

---

agente extranjero no inscrito". Hernández, Guerrero y Labañino también fueron condenados por "conspirar para cometer espionaje" y Hernández por "conspirar para cometer asesinato". Los cinco recibieron sentencias que oscilan entre 15 años y doble cadena perpetua más 15 años.

Al contrario de lo que alegaba la administración Clinton de que los cinco revolucionarios realizaban actividades de "espionaje", ellos en realidad habían aceptado misiones para mantener informado al gobierno cubano sobre grupos contrarrevolucionarios en Estados Unidos que planeaban ataques terroristas contra Cuba. El caso de los cinco ha suscitado una amplia campaña internacional de denuncias contra las sentencias draconianas y las severas condiciones de su encarcelamiento, y para exigir su libertad.

se amplió notablemente ante las presiones de las campañas de masas del movimiento pro derechos civiles y las protestas negras de masas de los años 60.

Poco antes de completar su mandato, Clinton se jactó de que 8 millones de personas habían sido eliminadas del padrón de la asistencia social a nivel nacional, una reducción del 60 por ciento. Sin embargo, lo que los partidarios burgueses de esta ley no proclaman con tanto ruido es que la gran mayoría de estos individuos, si es que acaso han logrado encontrar empleos, se han visto forzados a aceptar trabajos al salario mínimo o casi mínimo, con pocas o incluso sin prestaciones médicas o pensiones. Y esto ocurre en la cima del ciclo de negocios capitalista. En los próximos meses, cuando se suspenda permanentemente los pagos por asistencia social a los primeros afectados por el plazo de cinco años, estos se verán en medio de los cesanteos y el creciente desempleo que ya hemos descrito.

Cabe recordar que la ley de asistencia social de Clinton —no solo sus disposiciones básicas sino hasta el *nombre*— fue apropiada en su totalidad de una cláusula del llamado Contrato para América que había prometido la mayoría republicana encabezada por Newt Gingrich que ganó por un margen contundente las elecciones al Congreso en 1994.

La ley de Clinton de 1996 fue la primera vez en casi dos tercios de siglo que una categoría entera del pueblo trabajador —madres solteras y sus hijos— ha sido excluida del tipo de protecciones que el Seguro Social les garantiza a los jubilados, a los niños, a los trabajadores lesionados o cesanteados y a otras personas vulnerables a la inestabilidad y a los estragos inherentes al capitalismo, tanto en tiempos buenos como malos. Además, se trata de una sección de la clase obrera en Estados Unidos que está creciendo: hoy día casi la tercera parte de los niños nacen de mujeres que empiezan a criarlos en un llamado hogar monoparental, los cuales actualmente representan casi la mitad de las unidades familiares.

Al igual que el cambio de composición de la clase obrera a raíz del creciente peso de los trabajadores inmigrantes, también este cambio en la estructura familiar es irreversible: es producto de la mayor independencia económica que las mujeres han logrado con su creciente integración a la fuerza laboral y con las conquistas sociales de las luchas por la liberación de la mujer. La pobreza y la crisis social que esto también significa para millones de mujeres y niños de la clase trabajadora son muestra de las consecuencias inevitables de las relaciones de clases bajo el capitalismo y del hecho que hará falta una revolución socialista para abrir la puerta a la transformación de estas relaciones sociales opresivas.

A pesar de su retórica electorera, la nueva administración Bush no es más probable que sus antecesoras a tratar de lanzar un ataque frontal contra el fallo de la Corte Suprema de 1973 en el caso *Roe contra Wade,* que despenalizó el aborto. Al mismo tiempo, las propias operaciones normales del sistema capitalista se combinarán con las consecuencias de la ofensiva de la clase gobernante contra las condiciones de vida del pueblo trabajador para seguir reduciendo el acceso a los procedimientos de aborto. Dado que actualmente no existen centros médicos que ofrezcan servicios de aborto en una de cada tres ciudades y en casi el 90 por ciento de los condados de Estados Unidos —¡90 por ciento!— los costos adicionales de viaje y alojamiento, por sí solos, significan que las mujeres de la clase trabajadora están en desventaja. Ni hablar de tantos otros obstáculos que diversos gobiernos estatales han impuesto: restricciones en cuanto a la edad, el "consentimiento" de los padres, crecientes plazos de espera y "asesoramiento" obligatorio sobre "alternativas".

Con el apoyo de ambos partidos en el Congreso, Clinton promulgó leyes que ampliaron el número de sentencias federales obligatorias de prisión y prolongaron su plazo, redujeron las protecciones contra registros e incautaciones arbitrarios por la policía y los tribunales, aumentaron los embargos de propiedades *antes* de juicios, y financiaron un incremento récord en el número de policías en las calles, provistos de armas más mortíferas.

TANTO CLINTON COMO BUSH puede justificadamente reclamar como suyo el vergonzoso título de "presidente de la pena de muerte". Clinton promovió y suscribió leyes que ampliaron considerablemente el número de crímenes federales castigables con la pena de muerte, así como la Ley Integral de Protección contra el Terrorismo, que negó el derecho de los presos condenados a muerte de presentar más de una solicitud de *habeas corpus* para que un tribunal federal evalúe sus casos. Por su parte, mientras Bush hacía campaña para presidente en 2000, el estado de Texas, del cual él era entonces gobernador, llevó a cabo el asesinato legal del mayor número de presos en un solo año y en un solo estado en la historia de Estados Unidos. Es más, esas 40 ejecuciones fueron apenas la cuarta parte del número total de ejecuciones durante los seis años de Bush como gobernador.

Durante los ocho años de la presidencia de Clinton, entre 1993 y 2001, el número de personas tras las rejas en las cárceles norteamericanas aumentó en un 42 por ciento. Aunque Estados Unidos tiene el 5 por ciento de la población mundial, actualmente tiene el 25 por ciento de los presos del mundo.[4] Como ha sucedido a lo largo de la historia, la inmensa mayoría de los reos son trabajadores o agricultores, y el mazo da con más fuerza a los que son negros, latinos e indígenas. Hoy día, uno de cada tres hombres negros jóvenes está preso o en libertad vigilada o condicional. Se ha vuelto más y más la norma el encierro (*lockdown*) y el confinamiento solitario de los reos, con todos los efectos deshumanizantes que esto ejerce sobre el espíritu humano, cuyo propósito es que uno se vuelva inmune al sentido de que tiene valor alguno.

El número de "servicios" privatizados —incluso las prisiones privadas— sigue creciendo, y ahora presenciamos el aumento de la mano de obra contratable entre los presos. Hace unos días el *Wall Street Journal* publicó un artículo sobre la expansión de los programas que ofrecen la contratación de reos de las prisiones estatales. El artículo, que señalaba el surgimiento de lo que denomina "la versión carcelaria de [la agencia de empleos temporales] Kelly Girls", llevaba el titular, "La prisión como centro de ganancias: Trabajo y costo de los reos mejoran ganancia neta; una agencia de empleos

---

4. Un estudio publicado en febrero de 2008 informó que más de uno de cada 100 adultos en Estados Unidos está encerrado en una cárcel o prisión, y 750 de cada 100 mil en la población en general. Aunque Estados Unidos tiene una población de 300 millones y China más de 1 300 millones, las cárceles y prisiones estadounidenses tienen más reclusos, hasta en términos absolutos (Estados Unidos tiene 2.3 millones). Rusia está en segundo lugar después de Estados Unidos en cuanto a presos por persona: 628 por cada 100 mil. En cuanto a las otras potencias imperialistas, el Reino Unido tiene 143 prisioneros por cada 100 mil, Nueva Zelanda 197, Australia 130, Canadá 108, Alemania 88, Francia 91 y Japón 63.

temporales tras las rejas".

En las prisiones de Oregon, explica el artículo, "los patrones no ofrecen un plan de jubilación, vacaciones o prestaciones médicas, ni tampoco aportan al Seguro Social, al seguro de indemnización por incapacidad o enfermedades ocupacionales, o al Medicare... La contratación de reos puede significarle al patrón una reducción de costos salariales del 35 por ciento". Por lo tanto, añade el artículo, "los empresarios ahora prácticamente ruegan por conseguir mano de obra de las prisiones". Como en los buenos tiempos: cadenas de presos de la Nueva Economía.

Las prisiones certificadas por el programa federal de Mejoramiento de las Industrias de Prisiones, agrega el artículo, reciben una prima; se les permite vender los productos de la mano de obra presidiaria en el comercio interestatal. A los presos involucrados en este programa "de estímulos" del gobierno norteamericano "se les debe permitir que se queden con por lo menos" —es decir, *no más de*— "el 20 por ciento de lo que ganen. El resto de su salario puede ser deducido para pagar impuestos a los ingresos, obligaciones de mantenimiento de niños, costos de alojamiento y comida, y pagos que corresponden a fondos de ayuda a las víctimas".

EN 1996 CLINTON PROMULGÓ la Ley de Reforma de la Inmigración Ilegal y Responsabilidad del Inmigrante, aprobada por un Congreso republicano. La ley amplía la autoridad del Servicio de Inmigración y Naturalización (INS) para detener y deportar a las personas acusadas de ser inmigrantes "ilegales", negándoles el derecho a un recurso judicial o una apelación. Al mismo tiempo, la Casa Blanca y el Congreso financiaron la expansión de la odiada "migra", convirtiéndola en la mayor agencia policiaca federal, la cual en años recientes ha aumentado las redadas de fábricas y deportaciones hasta niveles récord.

Lejos de tratar de frenar el flujo de mano de obra del continente americano y de otras regiones, los gobernantes pretenden usar sus medidas represivas para aumentar la inseguridad y el miedo entre los inmigrantes, con la esperanza de mantenerlos como reserva de mano de obra superexplotada y disuadirlos de participar en los esfuerzos de sindicalización así como en batallas contra la injusticia social y otras luchas políticas.

Bajo las disposiciones —al estilo de la *Cámara Estrellada* feudal— de la Ley de Antiterrorismo y Pena de Muerte Eficaz de 1996, el gobierno norteamericano ha mantenido a más de una veintena de personas bajo "detención preventiva" sin derecho a fianza, sobre la base de "pruebas secretas". La mayoría son inmigrantes de países árabes u otros países mayoritariamente musulmanes que han sido acusados de tener conexiones con "organizaciones terroristas", la palabra clave que los gobernantes norteamericanos usan cada vez más para justificar tanto sus arremetidas contra los derechos democráticos en Estados Unidos como sus ataques militares en el exterior. En total, unas 20 mil personas se encuentran en las cárceles norteamericanas aguardando el desenlace de amenazas de deportación: un aumento del 245 por ciento en los cinco años desde que se aprobó la ley antiinmigrante.

El año pasado, y nuevamente con apoyo bipartidista, la administración Clinton aprovechó cínicamente su negativa durante seis meses de regresar al niño cubano Elián González a Cuba —su país— con el fin de mejorar la imagen del INS y sentar precedentes jurídicos que

Población carcelaria estadounidense sube más del 42% durante presidencia de Clinton

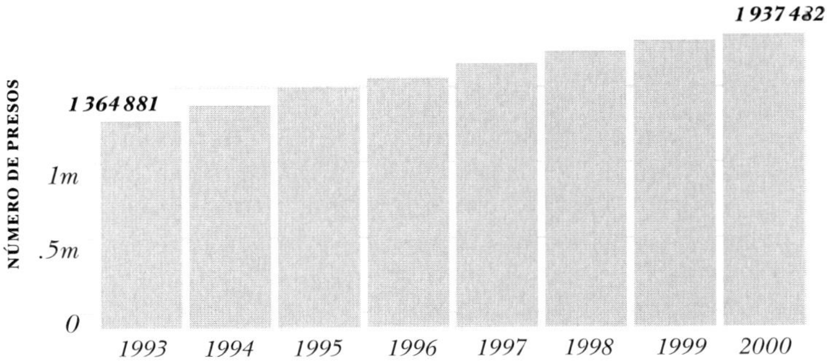

Cifras incluyen prisiones federales y estatales y cárceles municipales y de condado

AP / WIDE WORLD PHOTOS

"Desde el principio los trabajadores comunistas insistimos en que Clinton sería un presidente de guerras, un presidente de prisiones, un presidente de la pena de muerte: un presidente cuya trayectoria a nivel nacional e internacional iba encaminada a defender los intereses de clase de las familias dominantes norteamericanas".

ARRIBA: Clinton suscribió leyes que ampliaron las condenas obligatorias en prisiones federales y aumentaron su plazo; muchos estados aprobaron leyes afines. En 2000 los trabajadores que son negros ya constituían el 46 por ciento de los presos. La Ley de Antiterrorismo y Pena de Muerte Eficaz de 1996, suscrita por Clinton, autorizó la "detención preventiva" basada en "pruebas secretas". **ABAJO:** Omaha, 1997. Cien empacadores de carne fueron detenidos en una redada de inmigración en dos plantas de la Greater Omaha Packing Co. Clinton aumentó los poderes federales para deportar a individuos negándoles el derecho a recurso judicial.

refuercen poderes de esa agencia que están exentos de examen judicial. El allanamiento efectuado en abril de 2000 por comandos de la migra fuertemente armados, para sacar al niño de una casa en Miami, no solo reforzó los poderes de la Patrulla Fronteriza sino que atentó contra los derechos amparados por la Cuarta Enmienda de la Constitución de todos los residentes de Estados Unidos de estar protegidos contra registros e incautaciones arbitrarios.

Durante los últimos días de su mandato, Clinton emitió una orden presidencial que estableció el puesto de "zar de contrainteligencia", y esta misma semana Bush hizo un nombramiento a este nuevo cargo de espionaje de alto nivel. Según las versiones de la prensa, el cargo está "destinado a facilitar niveles de cooperación sin precedentes entre el FBI, la CIA y el Pentágono, y —por primera vez— involucrará al resto del gobierno y también al sector privado". *¿También al sector privado?* ¿Qué agencias policiacas del "sector privado" están incluidas? ¿Cuáles policías rompehuelgas de alquiler gozarán ahora de más protección y estímulos por parte del gobierno federal?[5]

El "zar" será responsable ante una junta compuesta por

5. Tras los ataques del 11 de septiembre al World Trade Center y al Pentágono, la administración Bush y el Congreso ampliaron los ataques a los derechos políticos por parte de la Casa Blanca de Clinton. El gobierno ha expandido sus intervenciones de teléfonos e intercepciones de correo electrónico y comunicaciones por la Internet; el rastreo de transacciones financieras nacionales e internacionales; el monitoreo de listas de pasajeros de aerolíneas; y el espionaje contra grupos políticos e individuos que organizan actividades contra la política de Washington en Estados Unidos y en el exterior.

funcionarios de alto nivel de la CIA, del FBI, del Pentágono y del Departamento de Justicia, y a su vez presidirá una Junta Nacional de Política de Contrainteligencia, que también estará integrada por funcionarios del Departamento de Estado, del Departamento de Energía y del Consejo de Seguridad Nacional de la Casa Blanca. El antiguo alto funcionario de la CIA que desarrolló el llamado plan de Contrainteligencia para el Siglo XXI explicó a una publicación que el "CI-21" dará prioridad a "las 'joyas reales' de la prosperidad y la seguridad nacional de Estados Unidos", y le dijo al *Washington Post* que pretende defender "no solo los bienes esenciales del gobierno sino la infraestructura de computadoras utilizada tanto por el gobierno como por la industria privada".

Un periodista de la prensa burguesa que cubría la creación del nuevo cargo escribió que esto obligará "al público estadounidense a reexaminar conceptos, aceptados desde hace mucho tiempo, de qué es lo que constituye la seguridad nacional y qué constituyen los límites, anteriormente claros, entre los órganos del orden público al interior del país, los que recogen inteligencia extranjera y los de mantenimiento de la defensa".

En breve, el zar de contrainteligencia aglutinará las operaciones "antiterroristas" de Washington desde Irán, Corea y Cuba hasta la nueva familia de inmigrantes que vive en la próxima cuadra. Integrará la "guerra antidrogas" de los gobernantes norteamericanos desde las nuevas bases militares en Colombia y Ecuador hasta los barrios obreros y los vestuarios de las fábricas por toda Norteamérica. Centralizará a los soplones, las intervenciones de teléfonos, el espionaje al correo postal y electrónico, y otras operaciones policiacas secretas del gobierno estadounidense, tanto contra los "enemigos" en el exterior como contra el movimiento sindical y las organizaciones de protestas sociales en Estados Unidos.

Ya sea que la acusación sea "hacer peligrar la seguridad nacional" o "entregar secretos de negocios", los gobernantes norteamericanos pondrán empeño en hallar algún cargo fabricado que dé resultados.

No me refiero al nuevo zar de contrainteligencia de las administraciones de Clinton y Bush porque haya motivos para anticipar una marejada de represión a la vuelta de la esquina. Pero los gobernantes estadounidenses ya están haciendo ajustes a lo que hicieron durante la última década. Saben que enfrentarán batallas más grandes y numerosas a medida que la competencia capitalista internacional los obligue a recortar salarios, prolongar la jornada laboral, intensificar el ritmo de producción, reducir las protecciones del seguro social y aplastar los sindicatos... alrededor del mundo. Y se están preparando para defender sus intereses de clase.

EPÍLOGO DE 2008

EN LAS DOS DÉCADAS antes de que Clinton asumiera la presidencia en enero de 1993, el capitalismo había sido golpeado por dos recesiones profundas, en 1974–75 (el primer bajón sincronizado en los países imperialistas desde la Gran Depresión), y de nuevo en 1981–82, con un

---

Este epílogo se basa en una charla que Jack Barnes ofreció el 1 de diciembre de 2007 —"Nuestra transformación y la suya: de subprima a subhumano, la perspectiva real bajo el imperialismo americano"— ante una reunión de unas 400 personas en Nueva York, así como en informes de Barnes al Comité Nacional del Partido Socialista de los Trabajadores ese mismo fin de semana y a comienzos de febrero de 2008.

repunte explosivo de inflación entre ambas recesiones. El pueblo trabajador enfrentó fuertes aumentos de precios, "escaseces" de carne y gasolina y más y más desempleo. Aun cuando se utilizan las propias estadísticas engañosas de Washington (tema al que regresaré), las cifras de inflación llegaron al 13 por ciento en 1979, las tasas de interés a corto plazo alcanzaron un máximo que superó el 16 por ciento en mayo de 1981, y la tasa oficial de desempleo casi alcanzó dobles dígitos en 1982–83.

Durante los años de Clinton, según describí en *Cuba y la revolución norteamericana que viene,* la clase patronal en Estados Unidos tomó medidas vigorosas para contrarrestar la presión negativa sobre sus márgenes de ganancia "recortando los salarios reales y las prestaciones, acelerando la producción, prolongando la semana laboral, aumentando los trabajos temporales y de media jornada, y reduciendo los programas de seguro social financiados por el gobierno".

Clinton, al servicio del capital financiero y de los obligacionistas estadounidenses, se empecinó en perseguir también un "superávit presupuestario" federal. La administración demócrata cosechó el llamado dividendo de paz del período "posterior a la Guerra Fría": reducciones temporales de los gastos militares posibilitadas por el fin de la Unión Soviética y el colapso del Pacto de Varsovia, al tiempo que el imperialismo norteamericano preparaba una transformación de su "huella" militar global. Clinton redujo en casi el 25 por ciento el número de soldados norteamericanos en activo durante los ocho años de su presidencia y, como proporción del Producto Interno Bruto de Estados Unidos, recortó el tamaño del presupuesto de guerra de Washington en un 37 por ciento.

Pero la Casa Blanca demócrata no empleó los ahorros para "el pueblo". En lo que podríamos llamar un "dividendo de guerra de clases" nacional, redujo los gastos federales para el seguro social y otros desembolsos sociales, la educación, las prestaciones de veteranos, el transporte público, la investigación científica: todas las principales categorías de gastos del gobierno excepto la salud y el Medicare (organizados como ayuda a las compañías de seguros, los HMO y las empresas médicas), la agricultura (más subsidios jugosos para los agricultores capitalistas y las agroempresas), y la "justicia" (miles de millones para más policías —armados más fuertemente— así como tribunales, prisiones, modernización de la vigilancia, y cámaras de la muerte).

El ascenso en el ciclo de negocios durante ese período fue largo comparado con normas anteriores; duró 10 años. Pero "no se basó en una aceleración histórica en la inversión de capital para expandir la capacidad productiva", señalamos en *Cuba y la revolución norteamericana que viene.* "No se basó en la incorporación de más y más trabajadores a las plantas, minas y fábricas, en el aumento masivo de la producción de bienes vendibles". Al contrario, "la prolongada recuperación en Estados Unidos fue el producto de una enorme montaña de deudas y un gigantesco aumento de 'instrumentos de deuda' derivados especulativos": que, según sabemos ahora, continuó inflándose en los siete años desde que Clinton le pasó el testigo a Bush.

A pesar del "triunfalismo burgués de gran parte de los 90", esta explosión de deudas estaba aumentando inexorablemente "la vulnerabilidad del capitalismo mundial a las sacudidas repentinas y desestabilizadoras", dijimos. Y eso ha sucedido, ¡por no decir más!

Para ayudarnos a comprender mejor las raíces de la actual crisis financiera global y sus consecuencias para el pueblo trabajador a nivel mundial, es útil examinar más detenidamente varios puntos que se tocaron breve o indirectamente en *Cuba y la revolución norteamericana que viene* y que hoy día se plantean de manera más y más aguda para la clase trabajadora.

❖

(1) Mucho antes de que el castillo de naipes financiero del capitalismo estadounidense comenzara a temblar a finales de 2007, la administración Clinton había sentado las bases legislativas para la crisis al eliminar, muy servicialmente, ciertas regulaciones que los banqueros y otros intereses adinerados consideraban "inconvenientes". En 1999 el secretario del Tesoro, Robert Rubin, antiguo copresidente de la Goldman Sachs, y su subsecretario Lawrence Summers presidieron la abrogación de la Ley Glass-Steagall, que la clase dominante norteamericana se había visto obligada a imponer en 1933 en respuesta a la ola de quiebras bancarias al comienzo de la Gran Depresión. La clase dominante había utilizado la Glass-Steagall, entre otras medidas, para estabilizar el sistema capitalista imponiendo una separación legal entre los bancos comerciales (que realizan ganancias recibiendo depósitos de cuentas de cheques y ahorros de individuos y negocios, y prestando esos fondos a negocios, compradores de casas y otros, a tasas de interés más altas), por un lado, y, por el otro, compañías de seguros, corretajes de valores y bancos de inversiones (estos últimos obtienen ganancias cobrando cuotas a cambio de sus "servicios" a compañías y gobiernos, para los cuales recaudan capital emitiendo bonos, valores y un número creciente de otros "productos financieros" muy apalancados).

La Ley de Modernización de Servicios Financieros, que Clinton promulgó en noviembre de 1999, permitió

"La administración Clinton sentó las bases legislativas para la crisis financiera de 2008 al eliminar regulaciones vigentes desde la Gran Depresión, consideradas 'inconvenientes' por banqueros y otros intereses adinerados".

"El comité para salvar al mundo", dice en febrero de 1999 la revista *Time*, al alabar al secretario del Tesoro de Clinton, Robert Rubin (izquierda), a su inminente sucesor Lawrence Summers (derecha) y al presidente de la Reserva Federal Alan Greenspan por su éxito en prevenir "un derretimiento económico global". Al mismo tiempo, la creciente montaña de deudas y derivados facilitada por su política —que Summers alabó como "la base de un sistema financiero para el siglo XXI"— sentó las bases de la crisis financiera mundial de 2008, la peor desde la depresión global de los años 30.

franquear más fácilmente ese muro, acelerando y magnificando los resultados de las operaciones de las leyes del capital. Proliferaron las fusiones de bancos de depósito, bancos de inversiones, corretajes y compañías de seguros. Ante todo, se abrieron las compuertas a una expansión masiva de los llamados derivados, deudas "titularizadas", operaciones bancarias "que no aparecen en el balance", en resumen, complejas apuestas a que el boom financiero capitalista y la adquisición colosal de deudas del Tesoro norteamericano por los gobiernos de China, Japón y otros países seguirían avanzando y subiendo eternamente. Sumas cada vez más pequeñas de garantía (*collateral* en inglés) —a veces con mínima garantía o sin nada— respaldaban préstamos más apalancados que nunca, con menos y menos estipulaciones de cualquier tipo para riesgos que se disparaban por las nubes.

Un buen ejemplo es Citigroup, el banco más grande de Estados Unidos. La Ley de Modernización de Servicios Financieros de la administración Clinton se hizo ley poco después que Citigroup se formara en 1998 mediante la fusión de Citicorp (entonces el banco comercial más grande de Estados Unidos), la gigantesca compañía de seguros Travelers y la casa de inversiones Salomon Smith Barney. Fue un matrimonio dichoso, pero sin la abrogación de la Glass-Steagall habría requerido legalmente una anulación al cabo de dos años. En julio de 1999, Rubin entregó a Summers las riendas del Tesoro de Clinton. ¡Y en octubre, Rubin desvergonzadamente aceptó un empleo con un sueldo inicial de 40 millones de dólares anuales como presidente del comité ejecutivo de Citigroup! No por nada muchos tildaron la nueva ley como la "Ley de Autorización de Citigroup".

Rubin, vale decir, aún ocupaba ese puesto en mayo de 2008, después de que Citigroup sufriera anulaciones y pérdidas de más de 40 mil millones de dólares —sí, miles de millones— en los 15 meses anteriores por el fracaso de derivados y otros "instrumentos de deudas". ¡Poco vale la "magia" de un corredor de bonos de Goldman Sachs ante la ley del valor del trabajo!

❖

(2) La administración Clinton se empeñó activamente en mantener bajos los precios mundiales del oro, ayudando así a mantener un "dólar fuerte", tasas de interés relativamente bajas y al menos dar la apariencia de que la inflación se mantenía bajo control.

El "equipo financiero" de Clinton organizó medidas para promover el llamado comercio diferencial (*carry trade*) del oro. Es decir: gobiernos e instituciones financieras imperialistas prestaban oro de sus bóvedas a tasas baratas a grandes "bancos de lingotes" (como JPMorgan Chase, Citigroup, Goldman Sachs y Deutsche Bank). Luego, estos bancos vendían el oro prestado, reinvertían los beneficios a tasas más altas y apostaban a que el precio del oro bajaría para cuando tuvieran que comprar de nuevo el metal precioso para saldar los préstamos. Mientras funcionó bien el comercio diferencial (es decir, mientras los precios del oro no subieron a ritmo acelerado), el gobierno estadounidense logró sus metas y les fue de maravilla a los bancos de lingotes, así como a los más grandes consorcios de minas de oro.

La Casa Blanca de Clinton también mantuvo bajos los precios del oro al instar a sus rivales imperialistas y al Fondo Monetario Internacional a que vendieran públicamente sus propias reservas de lingotes. Lo hizo de forma cínica, sermoneando que los ingresos se podrían utilizar para "condonar deudas" para "ayudar a países del tercer mundo" agobiados por pagos de interés onerosos. Al testificar ante el Congreso en abril de 1999, el entonces subsecretario del Tesoro Summers dijo que el ingreso de dichas ventas de oro se podría utilizar para apoyar "a los países más pobres del mundo, especialmente los que aguantan una deuda insostenible". Prometió que estas ventas de oro podrían "realizarse de manera de limitar el impacto adverso en los tenedores y productores de oro, así como en la bolsa del oro".

El resultado del embuste de la administración Clinton no se hizo esperar. En mayo de 1999, cuando los precios mundiales del oro eran los más bajos desde mediados de los 70, Gordon Brown —entonces ministro del tesoro del Reino Unido, hoy su primer ministro— anunció que Londres pronto comenzaría a vender la mitad de sus reservas de oro. Al contrario de la garantía de Summers de que esas ventas podrían "realizarse de manera de limitar el impacto adverso", el anuncio de Brown desató tal pánico en las bolsas mundiales que los precios del oro bajaron otro 10 por ciento en las semanas siguientes hasta 253 dólares la onza, el punto más bajo en 20 años, ¡precio al que él rápidamente vendió más! En cuanto a lo de ayudar a los "países más pobres del mundo", basta recordar que entre los principales exportadores mundiales se encuentran países semicoloniales como Perú, Indonesia, Uzbekistán, Papua-Nueva Guinea, Chile, Ghana, Malí y Tanzania, así como Sudáfrica, ¡cuyos ingresos por la extracción y exportación del oro y otros metales preciosos fueron devastados!

Durante los años siguientes, los bancos centrales del Reino Unido, Suiza y Canadá sí vendieron más de la mitad de sus reservas de oro —a precios históricamente bajos— y otros bancos centrales también vendieron reservas importantes. Entretanto, el Tesoro estadounidense prácticamente no vendió nada de sus propias reservas de oro, las cuales —casi 9 mil toneladas— representan con mucho el mayor acaparamiento del mundo (más de la cuarta parte de las reservas oficiales de oro a nivel mundial). A partir de 2002 los precios del oro comenzaron un lento ascenso, que al cabo de unos años se aceleró. Para mayo de 2008 el valor de las reservas de Washington había aumentado en más del triple, de 67 mil millones de dólares a casi 225 mil millones.

¡Vaya plan para ayudar a "los países más pobres del mundo"! Y de paso, ¡aventajar a tus "amigos" imperialistas!

❖

(3) Para ayudar a encubrir el creciente saldo social del sistema de ganancias, la Casa Blanca de Clinton sencillamente borró a millones de trabajadores desocupados de las cifras mensuales de desempleo del gobierno.

Clinton aprendió este acto de desaparición de una administración demócrata anterior. Durante el primer año de su presidencia en 1961, John F. Kennedy se había inquietado por las repercusiones políticas que tendría un fuerte aumento en el desempleo ese año. Así que nombró un comité para buscar una solución: no una solución para poner a la gente a trabajar de nuevo, sino para guardar mejor las apariencias. Unos años más tarde, el gobierno federal les puso una etiqueta a los trabajadores que no habían logrado encontrar trabajo por tanto tiempo que habían dejado de buscar. Los llamó "trabajadores desalentados", dejó de contarlos como desempleados. ¡*Voilà*! ¡El "nivel de desempleo" bajó de la noche a la mañana!

Clinton, quien también enfrentó altos niveles de desempleo al comienzo de su mandato, llevó las cosas un

Cómo son "desaparecidos" los desempleados

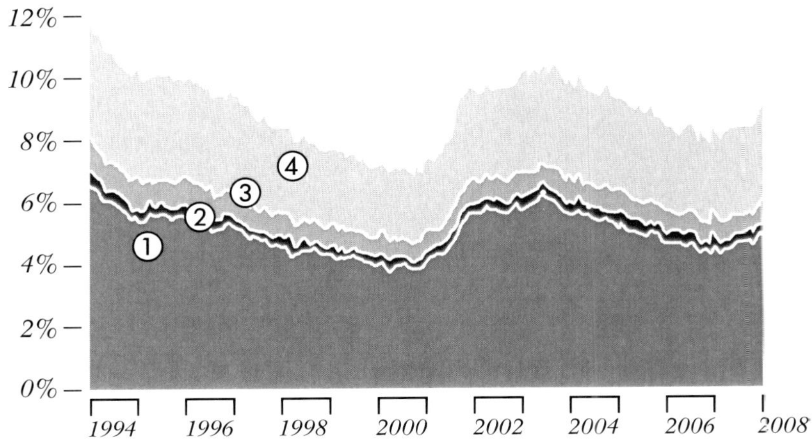

① Tasa "oficial" de desempleo del gobierno norteamericano. Este es el porcentaje de trabajadores contados como parte de la fuerza laboral civil que están desempleados según las cifras de Washington.

② "Trabajadores desalentados": término que usa Washington para trabajadores desocupados que buscaron empleo en el último año, pero que al no poder encontrar trabajo por tanto tiempo no se molestaron en buscar el mes anterior. Mediante un acto de prestidigitación estadística de la administración Clinton, los trabajadores que no habían buscado trabajo durante el último año sencillamente fueron eliminados de lo que Washington cuenta como fuerza laboral. Así se hizo desaparecer de las cifras gubernamentales a más o menos la mitad de todos los "trabajadores desalentados".

③ "Trabajadores marginalmente vinculados": término que usa Washington para trabajadores desocupados que han buscado empleo en el último año pero que por cualquier motivo no lo han hecho durante el mes anterior. Los "trabajadores desalentados" son una subcategoría relativamente pequeña de los "trabajadores marginalmente vinculados".

④ Trabajadores a tiempo parcial que quieren empleo a tiempo completo.

poco más lejos. Aunque desde los años 60 los "trabajadores desalentados" habían dejado de ser contados como desempleados, no obstante se les incluía en la fuerza laboral global. Evidentemente eso todavía revelaba demasiado sobre la situación real que enfrentaba el pueblo trabajador. ¡Así que en 1994 la administración Clinton decidió que solo los trabajadores que hubieran estado buscando trabajo durante menos de un año serían considerados como parte de la fuerza laboral!

Es así que Clinton, con la varita mágica de las estadísticas, desapareció a millones más de trabajadores desempleados. Y hasta la fecha los siguen desapareciendo.

❖

(4) Por último, la administración Clinton otorgó una bonanza permanente de ganancias a la clase patronal al amañar la manera en que se calculan los ajustes anuales por el costo de vida en los pagos de salarios, del Seguro Social y de otras prestaciones para decenas de millones de trabajadores y familias obreras en Estados Unidos. Esta es una cuestión decisiva para el pueblo trabajador, como lo demuestra el hecho que los salarios reales en este país hoy día —aun según las estadísticas del gobierno— son un 10 por ciento más bajos de lo que eran hace 35 años, en 1973.

En 1997 la administración Clinton, en base a las propuestas de una comisión bipartidista que la Casa Blanca había convocado, decretó que la principal medida de inflación del gobierno —el Índice del Precio al Consumidor (CPI)— ahora se calcularía de manera que redujera considerablemente las cifras oficiales de precios. Esta obra de magia se produjo usando dos trucos en particular.

Primero, la administración Clinton alegó haber descubierto un sorprendente error de omisión en la forma en que se habían calculado las cifras de inflación desde que esas estadísticas habían comenzado a mantenerse décadas atrás. Anteriormente, por ejemplo, si el precio de un bistec subía, ese aumento se reflejaba en las cifras del CPI. Sin embargo, a los comisionados de repente se les ocurrió que cuando el bistec se pone demasiado caro, "la gente" sencillamente lo remplaza comprando carne molida para hamburguesas. Así que el costo de la hamburguesa debería de remplazar el precio del bistec en el CPI. *¡Shazam!* Cero inflación en el costo de la carne. Y como señalara un comentarista cínico, "El nuevo sistema ahora les promete carne molida y ¿después qué, acaso comida para perros?"

La administración Clinton también introdujo lo que denominó "hedónica" —de la misma raíz que la palabra "hedonismo"— a los cálculos de la inflación. ¡Por tantas décadas!, los comisionados descubrieron, los estadísticos habían pasado por alto el hecho que el "placer" que los trabajadores y otros derivan de los bienes que compran aumenta cuando se introducen nuevos modelos. Puede que los autos sean más caros, pero ahora podemos abrir y cerrarlos con llave mientras caminamos por el estacionamiento. Y cuando remitamos el próximo pago por esa nueva computadora, debemos tener presente que su velocidad y memoria se han expandido, así que en realidad es más y más divertido, ¡y cuesta menos y menos por carcajada!

En resumidas cuentas, ¿de qué se trata? Si bien se dedujo que la cifra oficial del gobierno estadounidense para la inflación anual a finales de 2007 era 3.2 por ciento, habría sido 7 por ciento —*más del doble*— si se hubiese calculado con los métodos utilizados por cada administración antes del cambio impuesto por Clinton y el Congreso dirigido

Efectos de la "reforma" de Clinton en el índice de inflación

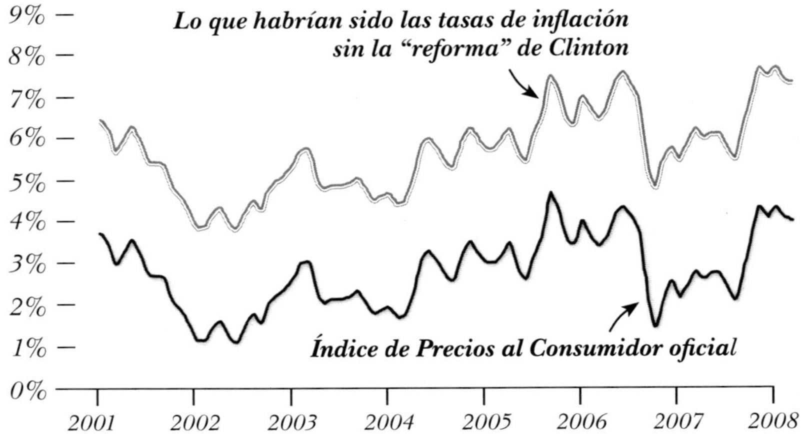

FUENTE: SHADOW GOVERNMENT STATISTICS

Los precios al por mayor se disparan

Aumentos trimestrales de precios, abril 2007–abril 2008

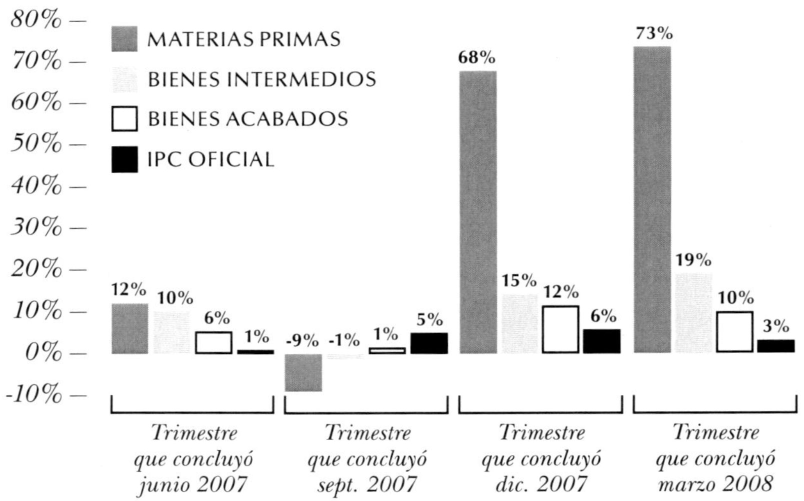

FUENTE: INFORME DEL BURÓ DE ESTADÍSTICAS LABORALES, MARZO 2008

ARRIBA: La clase patronal cosecha miles de millones gracias a la reducción de ajustes al costo de vida para salarios y beneficios del Seguro Social a raíz de la "reforma" de Clinton del índice de inflación. **ABAJO:** La burda subvaloración de las estadísticas de precios "oficiales" se revela también en las propias cifras de Washington de los fuertes aumentos en los precios de materias primas y otros precios al por mayor entre abril de 2007 y abril de 2008.

por los republicanos. Y eso significa cientos de millones de dólares en ganancias adicionales para la clase patronal, quienes ahora les pagan a los trabajadores mucho menos en ajustes por el costo de vida para los convenios salariales, el seguro social, la salud, la indemnización por incapacidad y otras prestaciones.

¿Qué significa para la vida cotidiana de la mayoría trabajadora en Estados Unidos? A comienzos de 2008, menos de medio año después de la cifra oficial de inflación que acabamos de citar, el gobierno norteamericano anunció que su llamado Índice del Precio al Consumidor ahora iba un poquito más elevado, a una tasa anual del 4 por ciento. Pero un vistazo más cuidadoso a los mismísimos datos de precios (aun utilizando los propios métodos chuecos del gobierno) revela que los costos de necesidades como comestibles, gasolina y atención médica han aumentado en promedio más del 9 por ciento comparados a un año atrás. Eso incluía un alza del 13 por ciento en la leche y otros productos lácteos, 7 por ciento en el pan y los cereales, 8 por ciento en la atención hospitalaria (¿quién se cree que no aumentó aún más?), y un colosal 33 por ciento tanto en la gasolina como el combustible para la calefacción doméstica.

Sin embargo, la administración del Seguro Social anunció que en 2008 los casi 50 millones de personas que reciben prestaciones de jubilación recibirán un aumento por el "costo de vida" del 2.3 por ciento en sus cheques mensuales: unos míseros 24 dólares por mes para el beneficiario medio. Y decenas de millones de trabajadores tendrán suerte si acaso reciben un ajuste salarial por la inflación, por pequeño que sea.

Estos cambios que efectuó la administración Clinton se sumaron a la estafa estadística iniciada dos décadas antes, cuando los precios de la gasolina y los alimentos, en especial, se dispararon vertiginosamente a mediados y finales de los 70. Washington, con su sabiduría bipartidista, muy convenientemente decidió en ese momento que a la política monetaria federal le convendría más una cifra que "allanara" las fluctuaciones de precios que supuestamente son fuera de lo común. Entonces, además de las cifras de inflación que el gobierno había venido calculando y publicando durante décadas, comenzó a publicar lo que llamó cifras de "inflación subyacente" (*core inflation*), ¡que omitían los costos de energía y de alimentos!

No sorprende entonces que siempre que hay un alza brusca de los precios en el supermercado y en la gasolinera, los políticos capitalistas y los portavoces del gobierno se ponen a hablar de "inflación subyacente". En una caricatura reciente se veía al dueño de una gasolinera que trataba de calmar a un conductor airado al lado de la bomba de gasolina: "Sí, es una barbaridad. ¡Pero no es una barbaridad *subyacente*!"

❖

Cuando la Ley de Modernización de los Servicios Financieros se aprobó en 1999, Lawrence Summers, quien para entonces había remplazado a Robert Rubin como secretario del Tesoro de Clinton, la aplaudió como "la base de un sistema financiero para el siglo XXI". ¡Indudablemente lo fue!

Mayo de 2008

LA CRISIS CAPITALISTA Y LA LUCHA POR EL PODER OBRERO

El desorden mundial del capitalismo

Política obrera al milenio

JACK BARNES

La devastación social y las crisis financieras, el carácter más tosco de la política, la brutalidad policiaca y los actos de agresión imperialista que crecen a nuestro alrededor: todos son productos, no de un mal funcionamiento del capitalismo, sino de su funcionamiento normal y reglamentado. Sin embargo, el futuro puede ser cambiado a través de la lucha unida de trabajadores y agricultores conscientes de su capacidad de transformar el mundo. US$20. También en inglés y francés.

La curva del desarrollo capitalista

LEÓN TROTSKY

Los puntos críticos en las tendencias a largo plazo del desarrollo capitalista, escribió Trotsky en este artículo de 1923, son producto de factores más allá de lo que normalmente se entiende como ámbito "económico". Los períodos de avance, estancamiento y declive, explicó el dirigente bolchevique, se definen por importantes acontecimientos en la política y la lucha de clases como las guerras, los levantamientos y las revoluciones. En *Nueva Internacional* no. 4. US$14. También en inglés, francés, persa y griego.

El rostro cambiante de la política en Estados Unidos

La política obrera y los sindicatos

JACK BARNES

Una guía para los trabajadores que buscan forjar el partido necesario para las batallas de clases que vienen, a través de las cuales nos revolucionaremos y se revolucionarán nuestras organizaciones de clase y toda la sociedad. US$23. También en inglés, francés, persa y griego.

In Defense of Socialism

Four Speeches on the 30th Anniversary of the Cuban Revolution, 1988–89

(En defensa del socialismo: Cuatro discursos sobre el 30 aniversario de la Revolución Cubana, 1988–89)

FIDEL CASTRO

El dirigente revolucionario describe el papel decisivo de los combatientes voluntarios cubanos en la etapa final de la guerra en Angola contra las fuerzas invasoras del régimen sudafricano del apartheid. No solo es posible lograr el progreso económico y social sin la competencia a muerte del capitalismo, dice el líder cubano, sino que el socialismo es el único camino para la humanidad. En inglés y griego. US$12

The History of the Russian Revolution

(La historia de la Revolución Rusa)

LEÓN TROTSKY

Cómo el Partido Bolchevique, bajo el liderazgo de Lenin, dirigió a millones de trabajadores y campesinos a derrocar el poder estatal de los latifundistas y capitalistas en 1917, y a llevar al poder un gobierno que promovía sus propios intereses de clase a nivel nacional y mundial. Escrito por uno de los dirigentes centrales de esa revolución socialista. Edición completa en inglés, tres tomos en uno. US$30. También en francés y ruso.

El capital

CARLOS MARX

Marx explica cómo funciona el sistema capitalista y cómo produce las contradicciones irresolubles que engendran la lucha de clases. Demuestra la inevitabilidad de la lucha revolucionaria para crear una sociedad gobernada por primera vez por la mayoría productora: la clase trabajadora. Tres tomos. Tomo 1, US$30 / Tomo 2, US$16 / Tomo 3, US$20. También en inglés.

REVOLUCIÓN, INTERNACIONALISMO Y SOCIALISMO: EL ÚLTIMO AÑO DE MALCOLM X

BETTMANN / CORBIS

HARRY RING / MILITANTE

“Malcolm siguió la lógica de sus convicciones revolucionarias y no se retrajo cuando eso significaba abandonar conceptos preconcebidos. Trabajó con todos los que demostraban que eran ‘verdaderos revolucionarios’ ”.

Malcolm aclamó a dirigentes del gobierno revolucionario de Argelia que conoció en África. **ARRIBA:** Orán, Argelia, 16 de enero de 1964. En pancarta al fondo se lee: “El alma de la revolución es el socialismo”. El retrato es de Ahmed Ben Bella, presidente del gobierno de trabajadores y campesinos. **ABAJO:** Nueva York, mayo de 1964. Malcolm va al podio para hablar en el Militant Labor Forum en Greenwich Village, auspiciado por partidarios del semanario socialista *The Militant*, que publicó el discurso.

REVOLUCIÓN, INTERNACIONALISMO Y SOCIALISMO: EL ÚLTIMO AÑO DE MALCOLM X

por Jack Barnes

"Por el peso social, la composición desproporcionadamente proletaria y la experiencia política de vanguardia de la oprimida nacionalidad negra en Estados Unidos, los trabajadores que son afroamericanos van a constituir un componente más grande de la dirección combativa del movimiento obrero en las batallas de clases que vienen —incluso en la lucha contra la guerra imperialista— que durante la radicalización obrera de los años 30.

Sus luchas, pasadas y presentes, también sientan un poderoso ejemplo para el creciente número de trabajadores inmigrantes que enfrentan la discriminación chovinista y racista, y que a menudo, a través de batallas comunes, se van deshaciendo de sus propios prejuicios retrógrados y antinegros".

'Su transformación y la nuestra'
***Nueva Internacional* no. 6**

CUANDO UNA PARTIDARIA cubano-americana de la revolución en Cuba que vive en el sur de Florida vio por primera vez *Nuestra historia aún se está escribiendo* la semana pasada, preguntó por qué los editores de la Pathfinder habían escogido a tres generales cubano-

---

Los siguientes informes, presentados por Jack Barnes a reuniones del Comité Nacional del Partido Socialista de los Trabajadores en enero y marzo de 2006, han sido ampliados y preparados para fines de publicación. Barnes es secretario nacional del PST.

chinos para entrevistarlos. "¿Y por qué llamarlos cubano-chinos?" Los cubanos de ascendencia china, agregó, se consideran cubanos, no cubano-chinos. Lo mismo con los negros. "Se consideran cubanos, no afrocubanos".[1]

Sin embargo, cuando empezó a leer el libro le gustó mucho y se convenció de lo útil que es políticamente tanto en Estados Unidos como en Cuba. Su reacción al libro en sí parecía contradecir su reacción inicial al título, así como los prejuicios políticos subyacentes. ¡Muy bien!

Esa lectora estaba expresando una opinión muy generalizada en Cuba. Refleja una insularidad política entre cuadros revolucionarios allá, una lentitud en reconocer que las consecuencias históricas *a escala global* de la trata de esclavos africanos, la esclavitud, las rebeliones de esclavos y el racismo antinegro han dejado un legado social y político entre los negros a nivel mundial y han influido en la sociedad capitalista en general. Ese legado no puede simplemente ser borrado por las conquistas políticas de la dictadura del proletariado, por más abarcadoras y singulares que puedan ser esas conquistas en Cuba.

Desde los orígenes de la lucha revolucionaria a principios de los 50 hasta hoy, el movimiento dirigido por Fidel Castro ha actuado resueltamente, con hechos y palabras, contra actos e intolerancia racista. Los comunistas en Cuba reconocen un importante hecho social y político respecto a la forja de la nación cubana. En Cuba, las guerras para independizarse de España en el siglo XIX —a diferencia de la Revolución Norteamericana y la Guerra

---

1. Al momento de presentarse este informe en enero de 2006, la editorial Pathfinder acababa de publicar, en inglés y en español, *Nuestra historia aún se está escribiendo: la historia de tres generales cubano-chinos en la Revolución Cubana*, por Armando Choy, Gustavo Chui y Moisés Sío Wong.

Civil contra los estados esclavistas secesionistas en Estados Unidos— se combinaron íntegramente desde el principio con la lucha por abolir la esclavitud y toda forma de servidumbre. Combatientes que eran negros, así como miles de trabajadores chinos, formaron parte del ejército independentista cubano y se desempeñaron con honor a todos los niveles, tanto combatientes de las filas como oficiales hasta el nivel del general Antonio Maceo.

SIN EMBARGO, nada de eso borra el hecho de que *existen* millones de afrocubanos de piel muy oscura y que ellos enfrentan un legado social y político que no es idéntico al de otros cubanos. Casi medio siglo después del triunfo de la Revolución Cubana, este legado aún se manifiesta en los patrones de vivienda y de contratación, en la composición de la población carcelaria y otros indicadores sociales.

Si bien la historia concreta de los cubano-chinos es distinta de la de los cubanos negros, algunas de las mismas consideraciones políticas se pueden aplicar. Entre los cubanos con antepasados chinos, continúa existiendo una conciencia social de sus raíces que se mantiene muy viva. Y se sigue manifestando el orgullo en esas raíces y en su rico legado cultural. De hecho, la propuesta de este libro y de su carácter como entrevista con tres generales de ascendencia china no provino de la Pathfinder sino de Gustavo Chui.

No sorprendería si las presuposiciones que tienen muchos cubano-americanos vayan rezagadas a lo que ellos están leyendo y a lo que se ven atraídos políticamente en las páginas de *Nuestra historia aún se está escribiendo.* Nuestro entendimiento de los orígenes de la Revolución Cubana y adónde va se ve enriquecido por el cuadro que describe Chui de su juventud, incluidas las complejidades de la "conciencia china" que lo rodeaban mientras él crecía y del racismo antinegro que existía entre muchas personas de origen chino en Cuba. Nuestro entendimiento de la revolución se ve enriquecido por el relato que hace Chui de cómo fue captado a la lucha revolucionaria en los años 50. Lo mismo con los relatos de Armando Choy y Moisés Sío Wong. Cada uno viene de una familia cubano-china de bodegueros, pero al mismo tiempo de estratos sociales un poco diferentes. A lo largo del libro, los trabajadores pueden ver cómo cada uno de estos jóvenes cubanos descubrió su propia valía y descubrió sus propias capacidades y las de otros como él. Los trabajadores pueden apreciar las conclusiones comunistas a las que Chui, Choy y Sío Wong se vieron conducidos por sus experiencias en la lucha clandestina y la guerra revolucionaria, así como en la construcción de la nueva Cuba.

¿Qué posibilidades se abrieron con el triunfo de la Revolución Cubana para todos los que son víctimas de la discriminación institucionalizada por mucho tiempo bajo el capitalismo? ¿Para las naciones y nacionalidades oprimidas? ¿Para la mujer, el sexo oprimido y mayoritario? ¿Qué posibilidades se abren con toda revolución socialista? Sobre todo, se abre la posibilidad de *utilizar* el poder estatal de la dictadura del proletariado, que es con mucho el instrumento más poderoso que los trabajadores más combativos pueden empuñar jamás para impulsar la batalla para erradicar el racismo, la opresión nacional y la condición de segunda clase de la mujer.

Estas formas de opresión mantenidas y perpetuadas como parte de la reproducción a nivel mundial de las relaciones sociales capitalistas se traspasan y remoldean desde modos de producción que dominaron en períodos anteriores de la historia de la sociedad de clases. Si bien distorsionan y entran en conflicto con las operaciones "más eficientes" de las leyes del capitalismo, la burguesía encuentra formas de incorporarlas política y socialmente para ahondar las divisiones entre el pueblo trabajador y cosechar las ganancias de la superexplotación. Lejos de ser rápidamente erradicadas por la toma revolucionaria del poder estatal por parte de la clase trabajadora, las consecuencias de todas estas relaciones sociales degradantes, heredadas de la sociedad dividida en clases, son más persistentes y duraderas de lo que generalmente habían anticipado las generaciones anteriores de socialistas y militantes revolucionarios. Lo que hace la conquista del poder obrero es ofrecer a una masiva vanguardia del proletariado el arma política más eficaz en la historia: una que puede utilizar para combatir todas las formas de opresión y sentar las bases para establecer la solidaridad humana sobre cimientos nuevos, comunistas. *Esa* es la promesa de la dictadura del proletariado: ahora que la *conquistaron, úsenla* para *completar* la tarea.

SI LOS DIRIGENTES fundadores del movimiento comunista moderno reconocieron que las clases, la familia y la religión no se podían abolir sino que *irían desapareciendo* a medida que el socialismo se desarrollara, ¿cómo podría ser diferente para las formas históricas de opresión heredadas de la sociedad de clases? Además, esa desaparición no es simplemente un proceso pasivo. No tiene nada de automático. Como todo lo demás en la historia de la humanidad, es producto de la actividad social práctica, de la movilización revolucionaria, del liderazgo y de la lucha de masas. Y el ritmo y el alcance de esta lucha pueden determinar no solo si avanza la dictadura del proletariado, sino si con el tiempo llega a corroerse, debilitarse y hacerse vulnerable a tal punto que se corrompe desde adentro y finalmente resulta derrotada y destruida.

No hay garantías de antemano. Sin embargo, cuando se derroca la dictadura de las clases propietarias y el pueblo trabajador conquista el poder, la correlación de fuerzas se transforma cualitativamente en ventaja de todos los que luchan por arrancar de raíz la explotación y opresión capitalista. *Si no se puede convencer a los trabajadores de vanguardia que son negros a que reconozcan que la dictadura proletaria es el instrumento más poderoso para iniciar la lucha final y perdurable por la liberación negra, entonces ¿cómo pueden los comunistas esperar que luchen con corazón y alma para hacer la revolución socialista en este país?* ¿Por qué *habrían* de hacerlo? Sí, lucharán como parte de la clase trabajadora para liberar de la explotación capitalista a la mayoría trabajadora de la humanidad. ¡Pero ellos y sus aliados no esperan hallar una continuación de la opresión racista al final del camino! De otra manera, vivirían y lucharían negando su propia identidad. Y el socialismo sería un objetivo imposible.

Lo mismo es pertinente a la mujer y a todas las capas oprimidas y todos los aliados de la clase trabajadora.

La discusión con Trotsky en 1933

Dada su experiencia al lado de Lenin como dirigente del Partido Bolchevique, de la Unión Soviética y de la Internacional Comunista, León Trotsky no podía pensar de otra manera. Estos eran sus supuestos políticos en 1933 durante sus conversaciones con Arne Swabeck, un dirigente del partido que estaba visitando a Trotsky cuando este vivía exiliado en Turquía tras ser expulsado de la Unión Soviética por el régimen de José Stalin.

La transcripción de ese intercambio de 1933, junto

con otros materiales, se encuentra en un librito titulado *Leon Trotsky on Black Nationalism and Self-Determination* (León Trotsky sobre el nacionalismo negro y la autodeterminación negra), publicado por primera vez como folleto hace unos 40 años. Pero una gran parte de la forma en que se preparó y editó ese libro —comenzando con el título— obstaculiza en vez de ayudar al lector a escuchar y comprender lo que Trotsky estaba diciendo. A pesar del título, no es un libro sobre el nacionalismo negro. De hecho, Trotsky no menciona el nacionalismo negro ni una sola vez, ni en la conversación de 1933 ni en el intercambio posterior con cuadros del partido en 1939, que también se incluye en el libro.

Trotsky habla sobre la lucha negra en Estados Unidos y el papel y la importancia de los trabajadores que son negros al forjarse la vanguardia de la clase trabajadora en la marcha hacia la dictadura del proletariado. De eso trata el libro. Una de nuestras principales prioridades editoriales es la presentación y publicación de estos intercambios en un nuevo libro de manera de hacer justicia a su contenido.

Fue Trotsky, basándose en las conquistas políticas de la Internacional Comunista, el primero en explicarnos científicamente que era el despertar de los negros a su propia valía, no a su opresión, lo que posibilitaría nuevas perspectivas para la lucha revolucionaria. Le dijo a Swabeck:

> Los negros, mediante su despertar, mediante su reivindicación de la autonomía y mediante la movilización *democrática* de sus fuerzas, se verán impulsados hacia una posición de clase. La pequeña burguesía asumirá la reivindicación de derechos iguales y autodeterminación pero

> resultará absolutamente incapaz en la lucha; el proletariado negro marchará por encima de la pequeña burguesía rumbo a la revolución proletaria.

El significado está claro como el agua, incluso traducido al inglés de las notas en alemán de Arne, ¡cuya primera lengua era el danés!

En el siglo XX hemos visto dos veces en la práctica en este país cómo el proletariado negro tuvo que "marchar por encima de la pequeña burguesía" —blanca y negra, incluida la cúpula sindical, con todas sus limitaciones y vacilaciones— para impulsar su lucha contra la segregación *Jim Crow* y demás instituciones de discriminación racista.

La primera vez fue durante las grandes batallas obreras y la radicalización política que dieron origen al movimiento social basado en la creación de los sindicatos industriales del CIO. Los trabajadores, independientemente del color de la piel, en muchos casos lucharon hombro a hombro por derechos sindicales y otros objetivos sociales. Estas luchas obreras entrelazadas dieron tal impulso a la lucha por derrocar al sistema Jim Crow que el ímpetu duró aun después del repliegue general del movimiento obrero tras la Segunda Guerra Mundial. En cuanto a la segunda vez, algunos de los presentes aquí vivieron las batallas por los derechos de los negros de los años 50, 60 y principios de los 70 y participaron activamente en ellas. (En su momento álgido, la Reconstrucción Radical en grandes partes del antiguo Sur esclavista fue una antecesora plebeya de estas batallas proletarias).

La culminación de la marcha "por encima de la pequeña burguesía rumbo a la revolución proletaria", por supuesto, todavía está por venir.

BIBLIOTECA DEL CONGRESO

"Los revolucionarios empezamos con el historial del papel de vanguardia y el peso de los trabajadores que son negros en amplias luchas sociales y políticas en Estados Unidos".

NANCY BROWN / MILITANTE

ARRIBA: Negros votan por primera vez en Virginia durante la Reconstrucción Radical tras la Guerra Civil cuando "los negros brindaron liderazgo en regiones considerables del Sur a esclavos liberados y a agricultores y trabajadores explotados que eran blancos".
ABAJO: Mecanometalúrgicos en Washington, en huelga contra aerolínea Eastern, 1990. Gracias a batallas obreras y por derechos civiles, la fuerza laboral industrial es uno de los sectores más desegregados de la sociedad estadounidense.

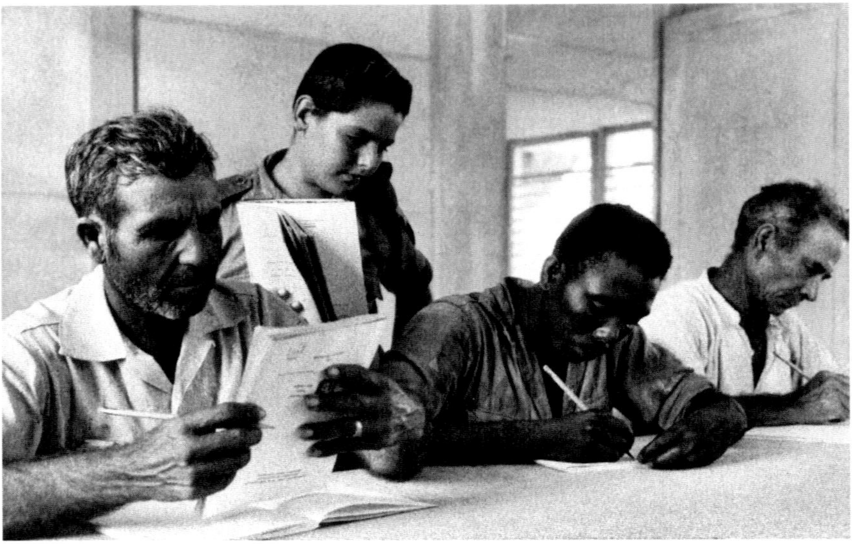

GRANMA

BOHEMIA

“La Revolución Cubana abrió la posibilidad de que el pueblo trabajador utilizara la dictadura del proletariado —el instrumento más poderoso que los trabajadores pueden empuñar— a fin de acelerar la batalla para erradicar el racismo, la opresión nacional y la condición de segunda clase de la mujer”.

ARRIBA: Estudiantes voluntarios alfabetizan a trabajadores agrícolas durante campaña de 1961 que eliminó el analfabetismo en Cuba.
ABAJO: Fidel Castro (al frente, segundo de la izquierda) tras reunión en 1949 en Universidad de La Habana del Bloque Progresista Nacional, una organización antirracista. El movimiento dirigido por Castro ha tomado acción consecuentemente contra el racismo, con palabras y con hechos.

Trotsky, en las conversaciones con Swabeck, tomaba como punto de partida el enorme obstáculo que la opresión racista y el racismo y prejuicio antinegro en Estados Unidos representaban para la unidad revolucionaria de la clase trabajadora. Debido a esa opresión, señaló Trotsky, no ocurren "acciones comunes que involucren a trabajadores blancos y negros", no hay expresiones de "confraternización de clase". "El trabajador americano es indescriptiblemente reaccionario", dijo Trotsky. "Esto se puede ver en el hecho que aún no se le ha persuadido ni siquiera de la idea del seguro social". Además, añadió Trotsky, "Los negros aún no han despertado y aún no están unidos a los trabajadores blancos. El 99.9 por ciento de los trabajadores americanos son chovinistas; con respecto a los negros son verdugos, como lo son con respecto a los chinos, etcétera. Es necesario hacerles comprender que el estado americano no es su estado y que no tienen que ser los guardianes de este estado".

Estas condiciones, por supuesto, han cambiado sustancialmente como consecuencia de las luchas obreras ocurridas desde 1933. Comenzaron a cambiar a mediados de los años 30 a raíz de las batallas obreras que forjaron el CIO, la creciente oposición al fascismo y a la guerra imperialista mundial que se extendía, y las tendencias hacia la acción política obrera independiente. Estos cambios se aceleraron con las conquistas a principios de los 50 del movimiento de masas por los derechos civiles y las luchas por la liberación negra, que tenía sus raíces en la masiva concentración urbana, la migración al Norte y los cambios en la composición de la fuerza laboral industrial que comenzaron antes de la Segunda Guerra Mundial. A consecuencia de estas luchas, y como parte de ellas, los trabajadores en Estados Unidos sí lucharon por una forma importante de protección social: el Seguro Social. Y como resultado de las batallas obreras de los años 30 y las luchas por los derechos civiles de los 50 y 60, llegaron a percibir como *derecho* una versión más amplia de ese Seguro Social, incluidos el Medicare, el Medicaid y otros programas.

Con el ascenso de los sindicatos industriales, más y más trabajadores negros, blancos, asiáticos y latinos —nativos e inmigrantes— actualmente sí trabajan hombro a hombro en muchos centros de trabajo y sí participan en acciones comunes y confraternizaciones de clase. Pero la lucha para combatir el racismo y superar las divisiones nacionales en el seno de la clase obrera, mediante la solidaridad mutua, la acción afirmativa y otras vías, sigue siendo decisiva para forjar la vanguardia proletaria en este país.

Trotsky, en este intercambio de criterios con Swabeck, después afirmó que durante un mayor ascenso en la lucha revolucionaria y la conciencia de clase proletaria en Estados Unidos,

> Es posible que los negros se conviertan en el sector más avanzado... Es muy posible que los negros pasen por la autodeterminación a la dictadura proletaria en un par de zancadas gigantescas, antes de la gran mayoría de los trabajadores blancos. Entonces serán la vanguardia. Estoy absolutamente seguro que, en todo caso, ellos van a luchar mejor que los trabajadores blancos.

Pero esto puede ocurrir, subrayó Trotsky, "solo si el Partido Comunista lleva a cabo una lucha implacable e intransigente, no contra los supuestos prejuicios nacionales de los negros sino contra los colosales prejuicios de los trabajadores blancos" —prejuicios que la burguesía y los amos imperialistas inculcaron en la clase trabajadora— "y si no les hace concesión alguna".

Esto es lo que Trotsky había aprendido de Lenin, dirigente central del Partido Bolchevique y de la Internacional Comunista, y de sus propias experiencias revolucionarias en la prisión de naciones de Rusia zarista. Trotsky había adquirido un entendimiento más a fondo por sus conversaciones con delegados de Estados Unidos en los primeros congresos de la Internacional Comunista. Y en esto colaboró con la dirección del Partido Socialista de los Trabajadores y el resto del movimiento comunista mundial, desde 1929 hasta su muerte, para aplicarlo en la práctica.

Evolución política de Malcolm X

Fue esta continuidad comunista la que le dio a nuestro movimiento la confianza a principios de los años 60 para reconocer la importancia revolucionaria del desarrollo político de Malcolm X, mientras aún era dirigente de la Nación del Islam, y no imponer de antemano limitaciones preconcebidas a su evolución.

En enero de 1965, yo y otro dirigente de la Alianza de la Juventud Socialista le hicimos una entrevista a Malcolm para la revista *Young Socialist.*[2] ¿Cómo define el nacionalismo negro con el cual se le identifica?, le preguntamos. Y Malcolm contestó:

> Solía definir el nacionalismo negro como la idea de que el hombre negro debe manejar la economía

2. La entrevista apareció en el número de marzo–abril del *Young Socialist*, poco después del asesinato de Malcolm el 21 de febrero de 1965. Se ha mantenido impresa desde entonces, y se encuentra en *Malcolm X habla a la juventud* (Pathfinder, 2002).

> de su comunidad, la política de su comunidad, etcétera.
>
> Sin embargo, cuando estuve en África en mayo, en Ghana, hablé con el embajador argelino, quien es extremadamente combativo, un revolucionario en el verdadero sentido de la palabra (sus credenciales como tal las obtuvo al dirigir una revolución victoriosa contra la opresión en su país). Cuando le dije que mi filosofía política, social y económica era el nacionalismo negro, me preguntó con franqueza: Pues, ¿eso dónde lo situaba a él? Porque él era blanco. Era africano, pero era argelino, y por su apariencia era un hombre blanco. Y me dijo que si yo definía mi objetivo como la victoria del nacionalismo negro, ¿dónde lo dejaba eso a él? ¿Dónde situaba a los revolucionarios de Marruecos, Egipto, Iraq, Mauritania? Entonces me demostró que yo estaba alienando a quienes eran verdaderos revolucionarios, dedicados a derrocar, por todos los medios necesarios, el sistema de explotación que existe en este mundo.
>
> Eso me dio mucho que pensar y reevaluar sobre mi definición del nacionalismo negro. ¿Podemos decir que el nacionalismo negro comprende la solución de todos los problemas que enfrenta nuestro pueblo? Y si se han percatado, no he venido usando esa expresión desde hace varios meses.

Bueno, en realidad, *no* nos habíamos percatado. Esta fue una verdadera entrevista, con verdaderas afirmaciones y réplicas, un verdadero intercambio. No fue una entrevista donde hicimos ciertas preguntas porque ya sabíamos las respuestas. Hicimos preguntas porque, hasta donde llegaba nuestra capacidad y objetividad, eran las preguntas correctas. Y las respuestas añadieron muy considerablemente a nuestro conocimiento, y al conocimiento de otros que leyeron la entrevista. En todo caso, Malcolm terminó este intercambio reconociendo lo siguiente: “Pero todavía me resultaría muy difícil si tuviera que dar una definición específica de la filosofía global que yo creo que es necesaria para la liberación del pueblo negro en este país”.[3]

MÁS ADELANTE en la entrevista, le preguntamos a Malcolm, “¿Qué piensa de la lucha mundial que se libra hoy entre el capitalismo y el socialismo?” Y respondió diciendo, entre otras cosas, que “su colapso definitivo [del capitalismo] es solo cuestión de tiempo”. En el artículo “Dos entrevistas”, publicado en el *Militant* en febrero de 1966, por el primer aniversario del asesinato de Malcolm, describí la reacción de Malcolm cuando le llevé la entrevista corregida para que la revisara antes de que fuera publicada en el *YS*. Cuando Malcolm vio su respuesta a esa pregunta sobre capitalismo y socialismo, su rostro dio paso a una amplia sonrisa y me dijo: “Yo nunca había ido tan lejos. Esto los va a sacar de sus casillas”. Le pregunté a Malcolm si quería moderar la respuesta y, como escribí en el artículo de 1966, “sin titubeos respondió que no”.[4]

Malcolm también me habló de los jóvenes revolucionarios que había conocido en África y Europa durante sus recientes viajes allá. Dijo que me daría una lista para que les pudiera enviar ejemplares del número del *Young Socialist* que contenía la entrevista. Le mencioné a Mal-

3. *Malcolm X habla a la juventud*, págs. 127–28.

4. *Malcolm X habla a la juventud*, págs. 135, 145.

colm que posiblemente iría a Argelia ese año, encabezando la delegación de la Alianza de la Juventud Socialista al Festival Mundial de Jóvenes y Estudiantes, programado para fines de julio y principios de agosto en Argel. A diferencia de los festivales anteriores organizados por el movimiento estalinista mundial, este por primera vez se celebraba, no en Europa oriental o central sino precisamente en medio de una revolución en marcha. La AJS anticipaba con gusto el festival, esperando que habría una composición más amplia y que brindaría más posibilidades antiimperialistas. Le dije a Malcolm que tal vez podríamos conocer a algunos de sus contactos jóvenes allá, y dijo que sería una buena experiencia, ya que "les cuesta trabajo creer que hay revolucionarios en Estados Unidos". (¡Cuántas veces hemos escuchado exactamente lo mismo de revolucionarios cubanos y de otros que nos han llegado a respetar!) Malcolm dijo que encontraría tiempo para preparar la lista, y acordamos que yo la pasaría a recoger después que se imprimiera el *YS*.

MALCOLM ESTABA ENTUSIASMADO con la posibilidad de que los jóvenes que él había conocido recibieran ejemplares del *Young Socialist* con la entrevista y que conocieran a dirigentes de la Alianza de la Juventud Socialista. Anticipaba con gusto que jóvenes revolucionarios trabajaran juntos, que compartieran materiales, que aprendieran unos de otros. Estaba convencido de que a todos los que participáramos, esto nos ampliaría nuestra visión, como solía decir.

Sucedió que a Malcolm lo asesinaron unas semanas después de nuestra segunda reunión, justo cuando el *Young Socialist* se estaba imprimiendo. Y después, en junio de 1965, fue derrocado el gobierno de trabajadores y campesinos en Argelia dirigido por Ahmed Ben Bella. Nuestra delegación descendía por la península italiana para abordar un barco rumbo a Argel —habíamos llegado hasta Roma— cuando ocurrió el golpe de estado y el festival se canceló. Así que no pudimos cumplir esa promesa específica que le habíamos hecho a Malcolm.

Sin embargo, en un sentido más importante, sí cumplimos esa promesa y la seguimos cumpliendo. Mantenemos impresas las palabras de Malcolm, junto con las palabras de otros revolucionarios, incluidos los de ascendencia africana que cronológicamente son herederos de Malcolm, como Maurice Bishop y Thomas Sankara. Continuamos produciendo el *Militant* y ahora hemos comenzado a publicar su edición en español, un periódico que Malcolm consideraba una fuente importante no solo de información exacta sino de análisis político revolucionario para luchadores. Y seguimos utilizando estos materiales para alcanzar y colaborar con trabajadores y jóvenes de disposición revolucionaria en este país y en el mundo: desde las Américas hasta África, el Pacífico, Asia y Europa; desde Venezuela hasta China, Francia y Guinea Ecuatorial. Ese tipo de labor política entre revolucionarios nunca se acaba, aunque nos topemos con obstáculos imprevistos. Simplemente buscamos otras vías de hacerla.

Ya que Malcolm fue asesinado en febrero de 1965, nadie puede probar cuál habría sido su siguiente paso político. Pero los de mi generación y otros miembros de la dirección del Partido Socialista de los Trabajadores estábamos convencidos por la trayectoria de Malcolm de que él iba rumbo a hacerse comunista. Políticamente estaba convergiendo con el PST.

Nosotros simplemente dimos por sentado que Malcolm hablaba absolutamente en serio cuando dijo que ya no creía que sus ideas políticas podían resumirse y describirse como "nacionalismo negro". Hacía mucho ya que nadie podía poner palabras en boca de Malcolm. Menos de dos meses antes de su muerte, le dijo a una entrevistadora de radio que antes de romper con la Nación del Islam, a comienzos de 1964, a menudo había dicho cosas que no eran sus criterios sino los del dirigente de la Nación, Elijah Muhammad. "No eran mis declaraciones, eran sus declaraciones, y yo las repetía". Pero ahora, dijo Malcolm, "el loro se ha escapado de su jaula".[5]

LO QUE MALCOLM manifestó sobre el nacionalismo negro en la entrevista del *Young Socialist* era parte de nuestra convergencia política, ya que nadie puede hacerse comunista y al mismo tiempo seguir siendo nacionalista en su "filosofía global". Uno puede ser comunista y al mismo tiempo defender y dirigir una lucha por la liberación nacional, una lucha contra la opresión nacional. Eso es seguro. Pero uno no puede seguir siendo nacionalista políticamente y organizar un movimiento para impulsar a la clase trabajadora y sus aliados, en todas las naciones, siguiendo la marcha hacia la dictadura del proletariado.

¿Por qué? Porque el nacionalismo —y aquí estamos hablando del nacionalismo de los oprimidos— *no es* la generalización de la línea de marcha de una clase. *No es* un movimiento, no es el movimiento social ni político de *una clase.* No tiene un rumbo de clase predeterminado, ya no se diga una dictadura de clase, en la lógica de su evolución. No tiene un programa estable. Un programa

---

5. "Nuestro pueblo se identifica con África: entrevista de Bernice Bass, 27 de diciembre de 1964", en *Malcolm X: The Last Speeches* (Malcolm X: los últimos discursos; Pathfinder, 1989), pág. 106.

tiene una trayectoria práctica concreta que representa los intereses históricos de una clase social. No hay programas carentes de clase. Pero el nacionalismo negro no tiene una trayectoria política que impulse los intereses del pueblo trabajador, independientemente del color de su piel. El nacionalismo negro es una ideología, la ideología de una nación o nacionalidad oprimida, una que es sustancialmente proletaria, en determinadas etapas de su despertar político. En la medida que posee carácter de clase, solo puede ser burgués. No se trata de una etiqueta despectiva; es una descripción científica. La conciencia sindical también es burguesa. Al mismo tiempo, la consolidación histórica del imperialismo ha dejado atrás la época de las revoluciones burguesas.

El comunismo, sin embargo, *no* es una ideología, en el sentido que Marx y Engels usaron esa palabra.[6] Como nos enseñaran los pioneros del movimiento revolucionario obrero moderno en sus orígenes hace casi 160 años, "el

6. En una carta de 1893, Engels escribió: "La ideología es un proceso que el llamado pensador cumple conscientemente, es cierto, pero con una conciencia falsa. Las verdaderas fuerzas motrices que lo impulsan le permanecen desconocidas... Porque es un proceso mental, deriva su forma y su contenido del pensamiento puro, sea el suyo propio o el de sus predecesores... Es, sobre todo, esta apariencia de historia independiente de las instituciones de los sistemas jurídicos, de las concepciones ideológicas en cada uno de los dominios, lo que encandila a la mayoría de la gente". En realidad, agregó Engels, cada una de tales "concepciones ideológicas" se ve traída "al mundo por otros elementos, en última instancia por hechos económicos" y al mismo tiempo "reactúa a su vez y puede reactuar sobre su medio e incluso sobre sus propias causas". Ver "De Engels a Franz Mehring", 14 de julio de 1893, en Carlos Marx y Federico Engels, *Correspondencia* (La Habana: Editora Política, 1988), págs. 553–56.

comunismo no es una doctrina sino un *movimiento*".[7] En el campo del quehacer práctico, en el campo del combate de clases, los comunistas son el "sector más avanzado y resuelto" de la clase trabajadora, como explica el documento de fundación de nuestro movimiento. Conscientemente "destacan y hacen valer los intereses comunes a todo el proletariado, independientemente de la nacionalidad". Nosotros "siempre y en todas partes representamos los intereses del movimiento en su conjunto". Desde el punto de vista del programa y de la teoría, los comunistas tienen "la ventaja de su clara visión de las condiciones, de la línea de marcha y de los resultados generales del movimiento proletario".[8]

Era por ese rumbo que la mayoría de los dirigentes centrales del PST creíamos a mediados de los años 60 que se encaminaba Malcolm. Y estábamos convencidos de que esta evolución política lo había estado haciendo más eficaz —no menos eficaz— como dirigente de la lucha por la liberación negra. (A pesar de que su público inmediato continuaría volviéndose más estrecho en Estados Unidos. Ni Malcolm ni nadie puede evadir los cambios en la correlación de fuerzas de clases). Sabiendo lo que sabíamos de Malcolm, y sabiendo lo que sabemos del marxismo, ¿por qué un comunista iba a sacar otra conclusión?

¿Por qué un trabajador, agricultor o joven de disposición revolucionaria —y de agallas revolucionarias— que acudiera a Malcolm en busca de liderazgo dejaría de escucharlo porque Malcolm había llegado a una comprensión más amplia y más rica de las raíces capitalistas de la

---

7. Federico Engels, "Los comunistas y Karl Heinzen", en Marx y Engels, *Collected Works* (Obras completas, en inglés), tomo 6, pág. 303.

8. Marx y Engels, *El manifiesto comunista* (Pathfinder, 1992), pág. 48.

explotación y de la opresión racista? ¿Por qué habría de perder interés en lo que él planteaba únicamente porque las respuestas económicas, sociales y políticas que presentaba eran más concretas, más directamente ligadas a la marcha histórica del pueblo trabajador del mundo? ¿O porque él quería colaborar políticamente con jóvenes, sin importar su raza o género (o el credo de sus antepasados) que se vieran atraídos no solo a su propio ejemplo sino a la Alianza de la Juventud Socialista?

La liberación negra y la dictadura del proletariado

Todo esto conduce a la propuesta de que le demos prioridad a la producción de un libro sobre la lucha negra y la marcha hacia la dictadura del proletariado, con una introducción política actualizada. Una obra que reúna: (1) las conversaciones con Trotsky y elementos relacionados de nuestra continuidad que se remontan a la Tercera Internacional, la continuidad en la cual se basaba Trotsky; (2) secciones de los informes y las resoluciones del partido desde que el PST hizo el viraje a la industria a finales de los años 70, aplicando esta continuidad a la dinámica de la lucha de clases en la que vive y trabaja actualmente nuestra clase; y (3) una apreciación exacta del ejemplo y liderazgo de Malcolm X, que fue tan importante para la formación de generaciones de cuadros del partido, comenzando con la generación que se incorporó en los años 60, que dirigió el viraje a la clase obrera industrial y los sindicatos.

Primero y ante todo, por supuesto, dicho libro dará constancia de las conclusiones programáticas y estratégicas que los comunistas hemos sacado a partir de décadas de actividades prácticas en la lucha por los derechos de los negros, como parte de nuestra participación general en la lucha de clases en Estados Unidos. Aun si nos limitamos a los últimos 65 años, estas actividades comprenden:

- nuestra promoción durante la Segunda Guerra Mundial de acciones del gobierno federal contra los linchamientos y contra la discriminación racista en las industrias de producción bélica y en las fuerzas armadas;
- nuestra participación en el movimiento pro derechos de los negros en los años 50 y 60, incluidos el movimiento en respuesta al linchamiento de Emmett Till en 1955, el boicot de autobuses en Montgomery en 1955–56, los Viajes de la Libertad (*Freedom Rides*) para acabar con la segregación de los autobuses interestatales y terminales de autobuses, las sentadas en las cafeterías, el "caso del beso" y el apoyo a las acciones de autodefensa en Monroe, Carolina del Norte, frente a los jinetes nocturnos racistas, el apoyo a los Diáconos por la Defensa (Deacons for Defense) en Louisiana y a la Organización de Libertad del Condado de Lowndes (Lowndes County Freedom Organization) en Alabama, y otras luchas y movilizaciones en esos años;
- la acogida que le dimos al orgullo y confianza de los negros que surgía de esas luchas proletarias de masas.
- nuestro respaldo a todo paso genuino, aunque fuera inicial, hacia la acción política negra independiente, desde la campaña de Joseph King en Chicago en los años 50,[9] hasta el Partido Libertad Ya (Freedom Now Party) en los

---

9. La campaña en 1958 de Joseph King, dirigente de la comunidad negra en Chicago, fue organizada conjuntamente con el PST, el Washington Park Forum, una organización predominantemente negra influenciada por el Partido Comunista, y otros. "Los sindicatos deben ayudar a forjar un partido para luchar por la emancipación de la raza humana", decía King en aquel entonces. "Los capitalistas no pueden hacerlo". La campaña ayudó a captar a algunos partidarios del Partido Comunista, alejándolos del apoyo brindado por el PC a los políticos capitalistas del Partido Demócrata.

años 60 y el Partido Político Negro Independiente Nacional (National Black Independent Political Party) en los 80;

• nuestra participación y dirección en las luchas en Boston y Louisville a favor del transporte escolar y contra la segregación escolar en los años 70;

• nuestro apoyo y dirección en distintas luchas de la mujer negra por la liberación contra los prejuicios y la opresión sexistas;

• nuestra respuesta política en las últimas décadas a la revolución de Granada y a Maurice Bishop; a Thomas Sankara y la revolución en Burkina Faso; y a la lucha dirigida por el Congreso Nacional Africano contra el apartheid en Sudáfrica;

• nuestra comprensión, en palabras y en hechos, de la importancia de la lucha contra el racismo y a favor de programas de acción afirmativa en la transformación de los sindicatos y para forjar un partido obrero revolucionario en Estados Unidos;

• nuestra participación en innumerables casos de defensa, luchas contra la brutalidad policiaca y otras luchas locales y nacionales;

• nuestra iniciativa de publicar *De la sierra del Escambray al Congo: en la vorágine de la Revolución Cubana* por Víctor Dreke, y nuestro éxito en organizar en 2002 una poderosa gira de conferencias de ese dirigente revolucionario cubano desde Boston hasta Atlanta y Miami;

• el tiempo y trabajo de liderazgo que recientemente dedicamos para participar en la feria del libro de Guinea Ecuatorial y actividades relacionadas, los encuentros regionales y eventos en recintos universitarios luego de ese viaje, y mucho más.

Tenemos mucha necesidad de este libro hoy día por lo que está sucediendo en la política y la lucha de clases. Lo necesitamos para educar a nuestros propios cuadros y llegar a los mismos trabajadores y jóvenes a quienes les estamos vendiendo suscripciones al *Militante*.

UN PAR DE CARTAS que Mary-Alice [Waters] recibió recientemente de uno de los cinco revolucionarios cubanos encarcelados, René González, nos llamó la atención sobre cuánto lo necesitamos.[10] René escribió que hacía poco le habían dado un libro que otro preso había alabado a las alturas por su carácter "antiimperialista". Sin embargo, dijo René, al leerlo "descubrí que era una letanía de antisemitismo, racismo, demagogia, chovinismo e individualismo. Desde luego tenía cierta retórica anticorporativa y aislacionista, pero provenía de un tipo de nacionalismo fascista, estrecho". Así que René preguntó: "¿Cuáles son las raíces y el desarrollo de ese tipo de pensamiento? ¿Tiene que ver con el desenlace de la Guerra Civil? ¿Algunos vínculos con el Ku Klux Klan?

10. En septiembre de 1998 el FBI anunció 10 arrestos, diciendo que había descubierto una "red de espionaje cubana" en Florida. En junio de 2001, cinco acusados —Fernando González, René González, Antonio Guerrero, Gerardo Hernández y Ramón Labañino— fueron declarados culpables de "conspiración para actuar como agente extranjero no inscrito". Guerrero, Hernández y Labañino también fueron declarados culpables de "conspirar para cometer espionaje", y Hernández de "conspirar para cometer asesinato". Las sentencias variaron desde 15 años a doble cadena perpetua más 15 años. Los cinco revolucionarios —cada uno de los cuales ha sido nombrado "Héroe de la República de Cuba"— habían aceptado la tarea de mantener informado al gobierno cubano sobre grupos contrarrevolucionarios en Estados Unidos que planearan ataques terroristas contra Cuba. El caso de los cinco ha suscitado una amplia campaña internacional para denunciar las severas condiciones de su encarcelamiento y exigir su libertad.

¿Y la derecha religiosa? ¿Por qué ese encono contra un *establishment* corporativo que, al fin y al cabo, les sirve bien? ¿Tienen algo que ver con las milicias supremacistas blancas?"

Estas son cuestiones políticas importantes, que el movimiento comunista ha tenido experiencia en abordar durante el último siglo, tanto en combates de clase como con palabras. Hemos escrito extensamente sobre estas cuestiones: desde informes y resoluciones distribuidos por la Internacional Comunista en sus primeros años; hasta artículos de Trotsky sobre el fascismo y cómo combatirlo; escritos sobre el fascismo americano por Jim [Cannon], Farrell [Dobbs] y Joe [Hansen] que hemos recogido en varios boletines de Educación para Socialistas; y libros de décadas recientes como *El rostro cambiante de la política en Estados Unidos* y *El desorden mundial del capitalismo*, así como varios números de *Nueva Internacional*. Los temas que plantea René cubren una amplia gama política y plantean la necesidad de comprender los orígenes y la historia concreta de la opresión de los negros en Estados Unidos y el peso social de la población negra: su composición proletaria desproporcionadamente grande, su historia política en las luchas sociales de masas del pueblo trabajador de la ciudad y el campo en Estados Unidos y, por tanto, su papel de vanguardia en las batallas históricas de la clase trabajadora. Teniendo eso presente, Mary-Alice, en su respuesta a René, le recomendó que un buen punto de partida serían los escritos de Marx y Engels sobre la Guerra Civil estadounidense y sus secuelas, añadiendo que le enviaría un ejemplar de *Marx and Engels on the United States* (Marx y Engels sobre Estados Unidos).

"Sus escritos sobre la Guerra Civil te van a resultar particularmente valiosos al pensar sobre las cuestiones que me planteas en tu carta", escribió Mary-Alice. "Marx y Engels siguieron el desarrollo de la segunda revolución burguesa en Estados Unidos con una atención y perspicacia penetrante. Lo que explican sobre el desarrollo retardado de un proletariado hereditario en Estados Unidos (en comparación con Europa) debido a la existencia de la esclavitud, la derrota de la Reconstrucción Radical posterior a la Guerra Civil, y la disponibilidad de tierra gratuita (y el no haber distribuido mucha de esa tierra a los esclavos liberados) sigue siendo decisivo para comprender la lucha de clases en Estados Unidos hasta el día de hoy".

Fue ese intercambio de correspondencia lo que animó a Mary-Alice a proponer que tomemos acción ahora para preparar este libro. Actualmente no tenemos nada semejante sobre esta cuestión fundamental de la política norteamericana y mundial que los compañeros puedan leer, estudiar y *utilizar* como arma política en nuestras campañas y trabajo de masas.

Mientras más colaboramos con otros revolucionarios, incluyendo a compañeros cubanos, mientras más no solo luchamos hombro a hombro con ellos sino que compartimos las lecciones de las reñidas batallas de nuestra clase por todo el mundo, más aprendemos unos de otros y nos influenciamos mutuamente en lo político. René y otros de los cinco cubanos aprecian no solo los libros que ayudamos a proveerles, sino el intercambio de ideas y opiniones. Eso no es fácil de conseguir; es más difícil que los libros mismos. Ellos saben que esos intercambios ayudan a armarlos para la labor política que hacen diariamente tras los muros y las rejas. Y se encargan de hacernos saber que los libros que enviamos, así como el *Militante*, circulan en las prisiones. No bien terminan un libro y ya lo van pasando, para que otros hermanos lo puedan leer también. Es una de las formas en que la biblioteca de la prisión crece informalmente, además de los libros que los bibliotecarios de la prisión añaden a las listas autorizadas.

II

QUIERO TOMAR EL RESTO de mi tiempo para volver a la discusión que estamos teniendo sobre la lucha negra. Vale la pena echarle un vistazo al borrador "Qué defendemos: plataforma de la Juventud Socialista" que los dirigentes del partido en la JS han puesto a la disposición del Comité Nacional en esta reunión. Los informes de la reunión nacional de la Juventud Socialista realizada más temprano hoy indican que los miembros de la JS se pusieron a la altura del tema y sostuvieron una seria discusión política inicial del mismo. Como ya explicaron Olympia [Newton] y Mary-Alice, no estamos organizando una discusión del Comité Nacional sobre el borrador de la plataforma aquí o solicitando sugerencias para el mismo de los miembros del CN. Esa es una tarea que los dirigentes del partido en la Juventud Socialista ayudaron a iniciar este fin de semana y que van a continuar junto a otros miembros de la JS en los meses que vienen.

Pero la primera oración en la sección de ese borrador, sobre "El papel de vanguardia de la nacionalidad negra", ofrece un valioso ejemplo concreto del punto fundamental que necesitamos aclarar aquí. Esa sección comienza con estas palabras: "Los negros en Estados Unidos son una nacionalidad oprimida".

De las palabras sumarias iniciales del 23 de enero de 2006.

El peso de vanguardia de los trabajadores que son negros: antecedentes históricos

Eso es correcto, por supuesto. Pero no es ahí donde debemos comenzar los comunistas. Eso no ayuda a entender el peso, la historia y el papel que ocupan en Estados Unidos los trabajadores que son negros en relación con la vanguardia obrera y su avance en la marcha política hacia la dictadura del proletariado. En vez de empezar con los negros como nacionalidad oprimida, empecemos con los antecedentes históricos del papel y del peso de vanguardia de los proletarios que son negros —un papel y un peso desproporcionados en comparación con su porcentaje entre el pueblo trabajador de este país— en las amplias luchas sociales y políticas con liderazgo proletario en Estados Unidos.

Esto se remonta a los últimos años de la Guerra Civil estadounidense y en especial a la batalla de la posguerra por la Reconstrucción Radical, en la que los negros brindaron liderazgo en regiones considerables del Sur tanto a los esclavos liberados como a los agricultores y trabajadores explotados que eran blancos.[11] Continuó a finales del siglo XIX y a principios del siglo XX en las batallas obreras que forjaron el Sindicato Unido de Mineros, en una época en que la mayoría de los sindicatos no solo estaban organizados como gremios de oficios, sino que excluían a los negros o los segregaban en locales separados. Continuó entre las luchas de aparceros, arrendatarios y otros trabajadores rurales, tanto negros como blancos, en los años 20 y durante toda la Gran Depresión.

---

11. Ver la sección sobre la Reconstrucción Radical en Jack Barnes, "La lucha por un gobierno de trabajadores y agricultores en Estados Unidos", en el número 4 de *New International* (1985), págs. 274–81.

Los trabajadores que eran negros estuvieron en las primeras filas de muchas batallas que forjaron los sindicatos industriales del CIO en los años 30. Estuvieron a la vanguardia de los trabajadores que durante la Segunda Guerra Mundial rehusaron subordinar o aplazar las luchas por la justicia en nombre del "esfuerzo bélico patriótico": lucharon contra la discriminación en las industrias de guerra, protestaron contra las condiciones del sistema Jim Crow en las fuerzas armadas y exigieron que la administración demócrata de Roosevelt y el Congreso demócrata aprobaran leyes federales para frenar los linchamientos racistas.[12] Estuvieron en las primeras filas de quienes se opusieron a la guerra imperialista. Y muchos de los presentes en esta reunión conocemos de primera mano el perdurable impacto social y político entre el pueblo trabajador y el movimiento obrero actuales del movimiento de masas pro derechos civiles y el ascenso de la lucha de liberación negra de mediados de los años 50 hasta comienzos de los 70.

No estamos especulando sobre el futuro. Estamos señalando un antecedente histórico. Es un hecho. Es un historial sorprendente, me parece: un historial que debiera

12. C.L.R. James y otros, *Fighting Racism in World War II* (Combatiendo el racismo en la Segunda Guerra Mundial; Pathfinder, 1980). Basándose en los reportajes semanales del periódico *The Militant*, el libro también documenta los agresivos intentos públicos del Partido Comunista en Estados Unidos de presionar a los negros, sindicalistas y otros entre los oprimidos y explotados para que subordinaran sus luchas a un apoyo patriótico del gobierno imperialista norteamericano durante la Segunda Guerra Mundial. Ver el artículo en este número: "Para dejar claro el historial sobre el fascismo y la Segunda Guerra Mundial: Forjando una Federación Mundial de la Juventud Democrática que lucha contra el imperialismo y la guerra".

dejarlos pasmados al escucharlo por primera vez. No se puede decir lo mismo de la gran mayoría de las naciones y nacionalidades oprimidas en general en otras partes del mundo. Pero sí son los antecedentes históricos de la nacionalidad *negra* en Estados Unidos. Sí es su carácter específico desde la erradicación de la esclavitud y el comienzo de la expansión de un proletariado hereditario moderno en Estados Unidos.

Es esta la dinámica que Trotsky, hace ya más de siete décadas, señalaba cuando dijo que es posible "que los negros se convertirán en el sector más avanzado" de la clase trabajadora y "pasarán por la autodeterminación a la dictadura proletaria en un par de zancadas gigantescas, antes que la gran mayoría de los trabajadores blancos". Por esa razón estaba "absolutamente seguro de que, en todo caso, ellos van a luchar mejor que los trabajadores blancos". Y fue esa misma historia de lucha que 11 años antes también había llevado a la Internacional Comunista a señalar —en su resolución sobre la "La cuestión negra" aprobada por el Cuarto Congreso en 1922— que la "historia de los negros americanos los ha preparado para desempeñar un papel de importancia en la lucha de liberación de toda la raza africana".

Dos perspectivas sobre Malcolm X

Dos perspectivas divergentes sobre la evolución política de Malcolm y su importancia —aun si al principio divergían solo levemente— coexistieron en el Partido Socialista de los Trabajadores por casi dos décadas después de su asesinato. El diferendo no era en torno al reconocimiento que hizo nuestro movimiento sobre la importancia del surgimiento del nacionalismo entre los negros en Estados Unidos como producto de las luchas y conquistas de los años 60 y 70. Como dije en un tributo a

Malcolm X en una reunión conmemorativa organizada por el Militant Labor Forum en marzo de 1965, el PST y la AJS estuvieron a la vanguardia al enseñar a "la juventud revolucionaria de este país a que distinga entre el nacionalismo de los oprimidos y el nacionalismo de los opresores, enseñarle a diferenciar entre las fuerzas de liberación y las fuerzas de los explotadores; enseñarle a escuchar las voces de la revolución sin importar las formas que adopten".[13] Éramos muy conocidos por nuestras batallas políticas sobre estas cuestiones con contrincantes, incluido el Partido Comunista, que rechazaban el nacionalismo negro como "una capitulación al racismo" o "racismo a la inversa".

No obstante, dirigentes del partido de mi generación, así como Farrell [Dobbs], Joe [Hansen] y muchos más, creíamos que Malcolm lo había meditado bien, sabía exactamente lo que estaba diciendo y hablaba *en serio* cuando dijo en la entrevista con el *Young Socialist* que estaba reevaluando su "definición del nacionalismo negro", que realmente ya no creía que "podemos decir que el nacionalismo negro comprende la solución de todos los problemas que enfrenta nuestro pueblo", y que no había venido "usando la expresión desde hace varios meses". Al igual que lo había meditado a fondo, sabía exactamente lo que estaba haciendo y hablaba *en serio* cuando propuso dar a la Alianza de la Juventud Socialista una lista de jóvenes que había conocido en África y Europa y nos hizo responsables de utilizar los nombres de forma apropiada y de cumplir nuestra parte del compromiso.

Sin embargo, George Breitman discrepaba. Breitman, miembro del Comité Nacional en aquel entonces, tiene el

13. Jack Barnes, "Dijo la verdad a nuestra generación de revolucionarios", en *Malcolm X habla a la juventud*, pág. 158.

mérito del trabajo que hizo al revisar, con esmero e integridad, muchos de los discursos de Malcolm con fines de publicación. Pero él estimaba importante insistir en que Malcolm X fue un nacionalista negro hasta el día que lo acribillaron. Y que Malcolm, de haber vivido más tiempo, habría continuado siendo un nacionalista negro hasta el futuro más lejano que tuviera sentido contemplar. De hecho, Breitman dedicó todo un capítulo del libro *The Last Year of Malcolm X: The Evolution of a Revolutionary* (El último año de Malcolm X: la evolución de un revolucionario) a una polémica más o menos abierta con lo que Malcolm había dicho en la entrevista del *Young Socialist.*

"El último año de Malcolm X" es un libro valioso, escrito con claridad y de fácil lectura. Documenta mucho sobre el desarrollo político de Malcolm durante ese último año. Pero el capítulo al que me refiero, titulado "Separatismo y nacionalismo negro", se dedica a demostrar que Malcolm no pudo haber *querido decir* lo que *dijo*.[14] Tras citar íntegramente la respuesta de Malcolm a la pregunta sobre el nacionalismo negro en la entrevista del *YS*, Breitman escribió:

> No fue sino hasta después de la publicación de la entrevista del *Young Socialist*, pocos días después de la muerte de Malcolm, que alguien se puso a revisar cuándo Malcolm había dejado de llamarse nacionalista negro. Fue a finales de mayo, justo después de su primer viaje al exterior en 1964. A su regreso de ese viaje, Malcolm se pasó todo el mes de junio organizando la OAAU [Organización

14 "Separatismo y nacionalismo negro" en George Breitman, *The Last Year of Malcolm X: The Evolution of a Revolutionary* (Pathfinder, 1967), págs. 73–94.

> de la Unidad Afro-Americana] en Nueva York. Cuando había formado la Mezquita Musulmana, Inc., en marzo [de 1964], había dicho que esta era nacionalista negra. No dijo esto respecto a la OAAU en su primera reunión del 28 de junio de 1964. Tampoco la "Declaración de Fines y Objetivos Básicos de la Organización de la Unidad Afro-Americana", que él dio a conocer en esa reunión, hizo referencia alguna al nacionalismo negro… A comienzos de 1965, Malcolm anunció que la OAAU estaba preparando un nuevo programa… Pero el "Programa de Unidad Básica" no calificó la OAAU como nacionalista negra; jamás mencionó siquiera la expresión.

Sin embargo, ninguno de estos hechos dejó resuelta la cuestión para Breitman. Continuó diciendo:

> ¿Es correcto hablar aún de Malcolm como nacionalista negro cuando sabemos que él había dejado de denominarse así y estaba cuestionando cuán adecuado era el nacionalismo negro como "la solución de todos los problemas que enfrenta nuestro pueblo"? La respuesta es sí, si seguimos utilizando la definición de nacionalismo negro que intentamos en este capítulo.[15]

---

15. Antes en el mismo capítulo, Breitman había escrito que el nacionalismo negro "puede entenderse aproximadamente de la siguiente forma: es la tendencia del pueblo negro en Estados Unidos de unirse como grupo, como pueblo, en un movimiento propio para luchar por la libertad, la justicia y la igualdad. Animada por el deseo de una minoría oprimida de decidir su propio destino, esta tendencia sostiene que el pueblo negro debe controlar su propio movimiento y las instituciones políticas, eco-

Breitman insistió que "Malcolm se hizo nacionalista negro mientras estaba en prisión a finales de los años 40: fue el punto de partida de todo su pensamiento, la fuente de su fuerza y dinamismo. Y siguió siendo nacionalista negro hasta su último momento, a pesar de las dudas que desarrolló sobre cómo llamarse o cómo llamar el programa que intentaba formular".[16]

BREITMAN CONTINUÓ diciendo que "se puede arrojar luz sobre la reevaluación de Malcolm" si entendemos que Malcolm estaba yendo más allá de lo que "puede llamarse puro y sencillo" nacionalismo negro. "El nacionalista negro puro y sencillo", dijo Breitman, "se preocupa exclusivamente o primordialmente de los problemas internos de la comunidad negra, de organizarla, de ayudarla a lograr el control de la política, de la economía de la comunidad, etcétera. No se preocupa, o se preocupa menos, de los problemas de toda la sociedad americana,

---

nómicas y sociales de la comunidad negra. Sus rasgos característicos incluyen el orgullo racial, conciencia de grupo, odio de la supremacía blanca, una aspiración de independizarse del control blanco y la identificación con grupos negros y otros grupos oprimidos de no blancos en otras partes del mundo".

16. Cuando se publicó una segunda selección de discursos de Malcolm X en 1970 bajo el título *By Any Means Necessary* (Por cualquier medio necesario), Breitman repitió estos criterios en su nota introductoria a la entrevista del *Young Socialist*. "La parte más significativa de esta entrevista fue la respuesta de Malcolm a la pregunta de cómo definía el nacionalismo negro", escribió Breitman. "Mostró que Malcolm había estado bregando con el problema del nacionalismo negro, no en el sentido de rechazarlo, sino de reevaluarlo, para descubrir cómo encajaba en su filosofía y estrategia global".

o de la naturaleza de la sociedad más amplia en la cual existe la comunidad negra. [¡No es un cuadro muy dialéctico de la sociedad capitalista estadounidense! Ni hoy ni jamás en la historia de Estados Unidos ha habido una "comunidad negra" encerrada que "existe" dentro de "la sociedad más amplia". Tampoco existe tal "comunidad blanca". ¡Estamos hablando de relaciones de clases y de sus divisiones raciales y nacionales inextricablemente interconectadas, no de muñecas rusas anidadas!— *J.B.*] Él no tiene ni teoría ni programa para cambiar esa sociedad; para él eso es problema del hombre blanco". Así empezó Malcolm, dijo Breitman, incluso por varios meses durante el período de transición inicial tras su ruptura con la Nación del Islam a comienzos de 1964.

Según Breitman, como resultado de los viajes que Malcolm hizo a África y al Medio Oriente unos meses más tarde en 1964, así como de otras experiencias, "fue más allá del nacionalismo negro puro y simple: hacia el nacionalismo negro *más*". Y luego Breitman planteó la pregunta obvia: "¿Más qué?" En los párrafos siguientes intenta una respuesta a esa pregunta con una serie de sucesivas aproximaciones abstractas y supraclase: nacionalismo negro "más radicalismo". Nacionalismo negro "más cambio social fundamental". Nacionalismo negro "más la transformación de toda la sociedad". Y concluyó:

> Malcolm todavía estaba buscando el nombre, pero se estaba haciendo nacionalista negro *más* revolucionario... Lo que estaba cuestionando del nacionalismo negro no era su esencia sino su forma pura y simple. Lo estaba cuestionando porque era lo que "estaba alienando a personas que eran verdaderos revolucionarios", en este

> caso, revolucionarios blancos. A un nacionalista negro puro y simple no le importaría qué efecto él tenía en los blancos, revolucionarios o no. A Malcolm le importaba porque tenía la intención de trabajar con revolucionarios blancos; sabía que su colaboración era necesaria si la sociedad había de transformarse.
>
> Malcolm estaba empezando a considerar la necesidad de remplazar el capitalismo con el socialismo si el racismo había de eliminarse. No estaba seguro si podría hacerse y no estaba seguro de cómo podría hacerse, pero estaba empezando a creer que ese era el camino a seguir.
>
> Su incertidumbre de cuál era el nombre correcto para autodenominarse surgía del hecho que él estaba haciendo algo nuevo en Estados Unidos: se encaminaba hacia una síntesis de nacionalismo negro y socialismo que sería adecuada para el escenario estadounidense y aceptable para las masas en el ghetto negro.

ES IMPORTANTE OBSERVAR una cosa antes de proseguir. Ya cuando concedió la entrevista al *Young Socialist*, Malcolm no solo había dejado de usar el término "nacionalismo negro". También hablaba mucho menos de "revolucionarios blancos". Malcolm dijo que el embajador argelino que había conocido en Ghana era un revolucionario, un "verdadero revolucionario". Eso era lo decisivo. Y el hecho que este revolucionario resultaba no ser negro le ayudó a Malcolm a llegar a la decisión de dejar de usar el término nacionalismo negro al describir sus propias perspectivas. Tampoco hablaba Malcolm del Partido Socialista de los Trabajadores o de la Alianza de la Juventud Socialista como "revolucionarios blancos", ni de los jóvenes que había conocido en África y en Europa como "revolucionarios negros", "revolucionarios árabes" o "revolucionarios blancos". Solo hablaba de ellos como *revolucionarios.*

Malcolm X no "se encaminaba hacia una síntesis de nacionalismo negro y socialismo que sería adecuada para el escenario estadounidense y aceptable para las masas en el ghetto negro". A propósito, Breitman nunca afirmó que esa fuera la meta del Partido Socialista de los Trabajadores. Pero, ¿por qué no? ¿Por qué no, si una "síntesis de nacionalismo negro y socialismo" sería "adecuada para el escenario estadounidense"? ¿Pensaba Breitman que los revolucionarios proletarios que eran negros cometían un error al afiliarse al Partido Socialista de los Trabajadores? Si no, ¿por qué excluir la posibilidad de la misma evolución política para Malcolm X?

¿Por qué no sencillamente apegarse a los hechos, al menos a las propias palabras de Malcolm? Malcolm había sido por mucho tiempo un opositor intransigente del imperialismo. Durante el último año de su vida, se volvió un opositor declarado del capitalismo, y se interesaba más y más en el socialismo. Se había vuelto defensor de la revolución socialista en Cuba y de su dirección internacionalista proletaria. Aclamaba al gobierno revolucionario en Argelia encabezado por Ahmed Ben Bella y otros dirigentes que proclamaban abiertamente su curso y sus convicciones socialistas. Malcolm promovía el periódico *The Militant* y estaba ahondando su colaboración política con el Partido Socialista de los Trabajadores y la Alianza de Juventud Socialista, dos organizaciones comunistas. De hecho, la mayoría de los "verdaderos revolucionarios" que Malcolm admiraba y con quienes trabajaba eran comunistas: en Cuba, en Argelia, aquellos que él llamaba "los del MLF",[17] la AJS y el PST. Esos son hechos.

Lo esencial para entender a Malcolm X es que podemos ver el hecho —no la esperanza, no la fe, sino el *hecho*— que, en la época imperialista, el liderazgo revolucionario de la más alta capacidad política, valentía e integridad converge *con* el comunismo, no solo *hacia* el movimiento comunista. Esa verdad tiene un peso aún mayor en la actualidad, en tanto la violenta expansión del capitalismo mundial arroja a miles de millones por el mundo, en las ciudades y el campo, desde China hasta Brasil, a la lucha de clases moderna. Al constatar en la vida cómo se desarrolla ese proceso, adquirimos confianza en las perspectivas para la revolución mundial, en el desarrollo de una dirección proletaria revolucionaria genuinamente mundial.

Lo que resulta de tal convergencia no es una "síntesis" de nacionalismo y comunismo, no una síntesis de una ideología y de la línea de marcha de una clase. Lo que resulta de eso es un movimiento comunista que no solo fortalece su propia continuidad política sino que transforma las vías por las cuales corre esa continuidad, haciéndose más inclusiva, más diversa en su experiencia, amplitud cultural, comprensión social, inteligencia y competencia política y —sobre todo— capacidad combativa.

Malcolm y el movimiento comunista

El *Militant* fue el periódico que daba constancia de los discursos de Malcolm, incluso durante el período final

---

17. En conversaciones informales con miembros del Partido Socialista de los Trabajadores y de la Alianza de la Juventud Socialista, Malcolm X a menudo los llamaba "los del MLF", puesto que había conocido a muchos de ellos en los programas del Militant Labor Forum en Nueva York, donde habló tres veces, a finales de 1964 y principios de 1965.

cuando él aún estaba en la Nación del Islam. (*Muhammad Speaks* había dejado de serlo). Nuestro movimiento y nuestra prensa se conocían por haber reconocido la lógica política de la trayectoria de Malcolm X a comienzos de 1963. Ya para ese entonces, Malcolm a veces compraba el *Militant* cuando entraba a una reunión donde iba a hablar.

Recuerdo que yo estaba vendiendo el *Militant* junto a otros camaradas del partido y de la AJS de Chicago y Detroit en un evento donde Malcolm habló a finales de 1963 junto con el reverendo Albert Cleage; Gloria Richardson, una combativa dirigente pro derechos de los negros en Cambridge, Maryland; y otros. Era el mitin de clausura de la conferencia *Grass Roots* (de las bases) celebrada en una iglesia bautista grande en Detroit.[18] En su composición la reunión era abrumadoramente negra y la situación estaba un poco tensa cuando empezamos a vender. Entonces se acercó Malcolm. Vio el *Militant*, le pidió a un miembro de su equipo de defensa que le consiguiera un ejemplar, nos saludó con la cabeza y entró a la iglesia. Entonces las tensiones se relajaron y las ventas aumentaron bastante.

Más tarde, tras la ruptura de Malcolm con la Nación, empezamos a colaborar con miembros de su estado mayor: Reuben Francis, James Shabazz y otros. Ellos sabían que el *Militant* era prácticamente el único lugar donde se podía obtener información fiable y con regularidad sobre

---

18. El discurso "Message to the Grass Roots" (Mensaje a las bases) es el primero de la selección inicial de discursos de Malcolm, publicada a solo unos meses de su asesinato, *Malcolm X Speaks* (Habla Malcolm X; Pathfinder, 1965). Bajo el título "Yo soy un 'negro del campo'", en español se publica un extracto mayor de ese discurso en *Habla Malcolm X* (Pathfinder, 1993).

lo que Malcolm decía y hacía. Y ellos lo afirmaban.

Malcolm habló tres veces en programas del Militant Labor Forum entre abril de 1964 y enero de 1965. Fragmentos mayores de los tres discursos se reproducen en *Habla Malcolm X* y una parte del período de preguntas y respuestas del primer foro aparece en *By Any Means Necessary*. Esto era poco usual para Malcolm. Porque aunque había hablado ante muchos públicos en recintos escolares en Estados Unidos y otros países, incluso cuando aún formaba parte de la Nación, estos tres foros fueron las únicas veces que había aceptado estar en la tribuna de una actividad de una organización política revolucionaria fuera de Harlem. (Apareció con Bill Epton, dirigente del Partido Obrero Progresista [PLP], una o dos veces en eventos auspiciados por el PLP en Harlem).

EL PRIMER FORO, "La revolución negra", se celebró a principios de abril de 1964, justo antes del primer viaje que Malcolm hizo a África y al Medio Oriente. Se realizó en el salón de reuniones Palm Gardens en Manhattan. El segundo foro, "Sobre la histeria en torno a la 'Pandilla del Odio' de Harlem", fue a finales de mayo, poco después que Malcolm regresara de ese viaje. Si uno pudiera volver y encontrar un volante para ese foro, que se hizo en nuestra sede en 116 University Place, no encontraría a Malcolm en la lista de oradores; encontraría el nombre de James Shabazz. Pero James nos llamó a último momento y dijo que Malcolm había pedido hablar. James preguntó si teníamos alguna objeción a que Malcolm lo remplazara en el programa. No teníamos ninguna. Al empezar su charla allí, Malcolm dijo que no había sabido del foro hasta que James se lo dijo esa tarde, "y no pude resistir la oportunidad de venir".

Malcolm habló en el tercer Militant Labor Forum, también en el Palm Gardens, a comienzos de enero de 1965, no mucho después de volver de su tercer viaje a África y un par de semanas antes de la entrevista del *Young Socialist*. "Es la tercera vez que tengo la oportunidad de ser invitado al Militant Labor Forum", dijo. "Siempre considero que es un honor y cada vez que me abran la puerta, aquí estaré. El periódico *The Militant* es uno de los mejores en la ciudad de Nueva York. De hecho, es uno de los mejores que existen dondequiera que uno vaya hoy día", y agregó que había visto ejemplares en París y en varias partes de África. "No sé cómo llega", dijo. "Pero si uno le da el contenido correcto, ese contenido garantiza que se difunda".

Malcolm en realidad lució diferente en momentos diferentes de su evolución política durante el último año antes de su asesinato. Ya no necesitaba los trajes austeros que eran la insignia de los pastores de la Nación del Islam. Le creció la barba. Su rostro se suavizó. Se vestía con la ropa, respetuosa y digna aún, que él quería vestir. Se iba quitando todo lo que fuera barniz, todo lo que fuera teatro revolucionario, todo lo innecesario para sencillamente decir lo que se necesitaba decir, trabajar lo más duro posible y colaborar con revolucionarios, "verdaderos revolucionarios", para "cambiar esta miserable situación que existe en este mundo", según lo expresaba. Ustedes están viviendo "en tiempos de revolución": ese era el mensaje que Malcolm le transmitió a los jóvenes y al pueblo trabajador una y otra vez en 1964 y 1965.

Cuando uno lee las charlas y entrevistas de Malcolm de este período, también encontrará las pruebas para despejar otro de los numerosos mitos acerca de él: que a pesar de ser un gran orador, un gran propagandista, un gran explicador de lo que tantas personas querían expresar acerca de sí mismos y de lo que son capaces de realizar, Malcolm nunca fue un organizador, o, al menos, nunca tuvo la oportunidad de convertirse en organizador. Pero solo con leer sus propias palabras, verá que no es verdad. Malcolm era todo lo antedicho, pero simultáneamente era un hábil organizador revolucionario. Lo que se truncó fue la posibilidad de aplicar esas habilidades a un trabajo mayor y más amplio. Los enemigos del proletariado entienden mejor ese hecho que los "radicales pro Malcolm X".

DURANTE LOS MESES FINALES de su vida, Malcolm también se fue alejando de utilizar frases y posiciones religiosas. Explicaba en el lenguaje más claro posible exactamente qué estaba haciendo, qué estaba percibiendo, qué estaba llegando a entender y a creer. Era un antiimperialista intransigente, un enemigo del racismo, un enemigo de la explotación capitalista y un internacionalista. Iba rumbo a hacerse comunista. Ese era nuestro criterio. ¿Por qué habíamos de concluir algo distinto? ¿Por qué le impondríamos limitaciones a Malcolm —¡a Malcolm sobre todo!— que no le impondríamos a nadie más? ¿Por qué diríamos que avanzaba hacia una "síntesis" de nacionalismo negro y comunismo? No es lo que decía Malcolm. Todas las pruebas señalan lo contrario.

Malcolm insistía en que había dejado de llamarse nacionalista negro porque el nacionalismo negro era inadecuado para explicar lo que la experiencia le había enseñado que se necesitaba hacer para transformar el mundo, un mundo que en la época imperialista se había convertido en muchos sentidos en un "mundo blanco". Pero Malcolm sabía que los hombres y mujeres negros estaban inextricablemente vinculados a *ese* mundo por un millón de hilos. Era inimaginable sin esa interacción. Una vez uno dejaba de aferrarse, no existían mundos blancos y negros separados, ni en el espacio ni en el tiempo. Más importante aún, existía —y sigue existiendo— un solo estado capitalista.

Si bien es cierto que nadie que haya sido reclutado al comunismo sigue siendo nacionalista negro, al mismo tiempo ¡uno no deja de ser negro! No deja de tener orgullo. No deja de asombrarse de cuánto de la verdad sobre el pueblo negro se ha omitido de las "historias". ¡Más vale que eso también se entienda! Nadie va a confiar en un socialista que es negro si se comporta como si ha olvidado que es negro. Y con mucha razón. Puede que por un tiempo se las arreglen en la sociedad capitalista y comiencen a pensar que no son negros. Pero como advirtió Joel [Britton] una vez, con respecto a abrigar ilusiones en la cúpula sindical, "entonces llega el brusco despertar". Cada vez que haya un repliegue en la lucha de clases, se les *recordará* que son negros. Caucásicos que están convencidos que *ellos* son "blancos", el "color de Dios", se encargarán de recordárselo. Y eso continuará no solo de aquí a una revolución socialista victoriosa, sino durante el período inicial de transición de la dictadura del proletariado. Así que estas son realidades de la sociedad dividida en clases que a un comunista no le conviene olvidar o negar, sino más bien integrarlas a la estrategia internacionalista proletaria de cómo nuestra clase puede dirigir a todos los oprimidos al luchar de forma eficaz para triunfar.

El hecho de reconocer y acoger el liderazgo político de talla mundial de revolucionarios que son negros —ya sea un afroamericano como Malcolm X, o dirigentes como Maurice Bishop y Thomas Sankara— no lleva políticamente a los trabajadores o jóvenes militantes rumbo al nacionalismo o al panafricanismo. De otra manera, ¿por qué el movimiento comunista dedicaría tanto tiempo y tantos recursos de liderazgo para mantener esos discursos disponibles en forma impresa? ¿Por qué habríamos de dar tanta prioridad a poner esos libros y folletos en manos del pueblo trabajador en Estados Unidos y por todo el mundo, como parte de nuestro arsenal político general?

Lo hacemos porque la lectura y el estudio de lo que Malcolm, Bishop y Sankara dijeron —cada uno de manera concreta y diferente— nos ayuda a nosotros y a otros a comprender mejor la necesidad de partidos obreros revolucionarios, del internacionalismo *proletario* y de un movimiento comunista *mundial*. Lo que dirigentes como estos han venido diciendo y haciendo durante décadas converge con la actividad de los comunistas a nivel mundial y ayuda a preparar la próxima etapa de la historia humana.

La cuestión racial, la cuestión del color va en ascenso en muchas partes del mundo. Está saliendo más al frente en América Latina, en los países donde hubo mucha mano de obra esclava en los siglos XVIII y XIX. Es una cuestión política de mucho peso en Brasil, en Colombia, en Venezuela, en Perú, en partes importantes de Centroamérica, el Caribe y otras regiones. Confluye con las luchas de las poblaciones indígenas, las poblaciones de origen precolombino. Fortalece las perspectivas de revolución en todo el continente americano. Fortalece las posibilidades del desarrollo de una dirección revolucionaria en África de formas nuevas. Enriquece los desafíos y las oportunidades para forjar partidos proletarios revolucionarios en gran parte de Europa y en la "angloesfera".[19]

19. La "angloesfera" es el término que utilizan algunos comentaristas burgueses para referirse a Estados Unidos, el Reino Unido, Ca-

La historia del siglo pasado nos ha enseñado que para defender y extender la revolución internacional por la liberación nacional y el socialismo, el establecimiento y la extensión de la dictadura del proletariado, la clase trabajadora necesita un auténtico liderazgo *mundial*. Hoy necesita un liderazgo que sea más multinacional, que tenga un componente negro más grande que durante la primera mitad del siglo XX. Necesita un liderazgo que incluya a las mujeres en números y formas nunca antes vistos en el movimiento obrero, y que nunca antes fueron posibles.

NO SOMOS UTÓPICOS. No somos ajenos a la historia ni a las tozudas consecuencias de la explotación y opresión de clases, del desarrollo desigual de las relaciones sociales capitalistas a escala mundial. Al contrario, entendemos que estos legados son las vías mismas —más perdurables de lo que quisiéramos o deseáramos— por las que fluye la lucha de clases moderna. Sabemos que habrá revoluciones que triunfen con direcciones comunistas que no tengan una composición social "perfecta" (quién sabe lo que alguien se imagina que sea eso), que no cuenten con la solidaridad y unidad humana que puede empezar a forjarse solo cuando los trabajadores han conquistado el poder.

Pero también sabemos que el movimiento obrero revolucionario no puede triunfar si no reflejamos en nuestras filas y en nuestros liderazgos hasta dónde han llega-

---

nadá, Australia y Nueva Zelanda —lo que los marxistas llamarían los países imperialistas donde el inglés es la lengua principal— y a los valores, las instituciones y las normas de conducta que estos "pueblos angloparlantes" supuestamente tienen en común.

do nuestra clase y sus aliados en la historia al forjar una vanguardia de iguales políticos. Sin plasmar los logros de las luchas de los oprimidos y explotados. ¿Por qué se partiría de la base hoy, automáticamente, que todos los "Lenin" del siglo XXI serían caucásicos? Es una cuestión política, no una cuestión moral. Es una cuestión concreta e histórica. Y aún más importante, cuando a millones de personas ya no les importe de qué "color" es Lenin, entonces la clase trabajadora estará mucho más cerca de construir el tipo de partidos revolucionarios y de movimiento mundial que necesitamos para luchar eficazmente y vencer. (De todas maneras, la ultraderecha siempre supo que Lenin no era blanco. ¡Apenas un vistazo a una foto de ese "rojo de ojos rasgados" lo confirma!).

La liga moderna de la tierra y del trabajo

En el mitin público grande aquí en Nueva York hace un par de días, insté a los participantes a que visitaran la exposición "Esclavitud en Nueva York", en la Sociedad Histórica de Nueva York. Mencioné que la exposición describe, entre muchas cosas, a la Sociedad de Manumisión de Nueva York, fundada en 1785. Observé que John Jay —presidente del Congreso Continental por muchos años durante la Revolución Norteamericana y luego gobernador de Nueva York y presidente de la Corte Suprema de Estados Unidos— fue fundador de la sociedad y escribió en su constitución las siguientes palabras: "El benévolo Creador y Padre de los hombres ha dado a todos un mismo derecho a la vida, la libertad y la propiedad".

Esta frase la contrasté favorablemente con la decisión de Thomas Jefferson, al redactar la Declaración de Independencia una década antes, de cambiar esas palabras —muy usadas por los opositores burgueses de la tiranía monárquica y de la reacción feudal de aquella época— y remplazarlas con una frase más intangible: "Vida, libertad y la búsqueda de la felicidad". A excepción de los familiares de su amante Sally Hemmings, Thomas Jefferson no liberó a ningún otro esclavo suyo, ni siquiera en su testamento; 130 fueron vendidos en subasta cuando murió. Así que eso pone en perspectiva la apreciación práctica que Jefferson tenía sobre la "vida, libertad y la búsqueda de la felicidad".

El lema "Vida, libertad y propiedad" favorecía mucho más los intereses de *todo* el pueblo trabajador. Fue el despojo de las masas productoras independientes por parte del capital lo que no nos dejó más opción que la de vender nuestra fuerza de trabajo a un empleador para sobrevivir y, por tanto, lo que dio origen a nuestra clase, el proletariado hereditario. Nos quitaron el uso libre de herramientas. Nos expulsaron de la tierra y de los oficios y profesiones independientes. Nos privaron de los medios de producción. Se apropiaron de las tierras comunales. Y fue la privación brutal de *ambas* cosas, libertad y propiedad —hasta el *derecho* de tener propiedad, mucho menos la oportunidad— lo que caracterizó la esclavitud y muchas otras formas de trabajo en servidumbre. En los capítulos de *El capital* "Sobre la llamada acumulación originaria", Marx describe en detalle cómo, a consecuencia de estos procesos combinados, el modo capitalista de producción llegó al mundo "chorreando sangre y lodo, por todos los poros, desde la cabeza hasta los pies".[20]

Una vez hayamos establecido un gobierno de trabajadores y agricultores, y expropiado a la clase capitalista, los trabajadores seremos harto competentes para encargarnos de nuestra propia "búsqueda de la felicidad". Al

20. Marx, *El capital* (México: Siglo XXI Editores, 1976), tomo 1, vol. 3, pág. 950.

contrario de la falsa representación burguesa de los comunistas como ingenieros sociales utópicos, los revolucionarios proletarios —como la mayoría de los trabajadores— creemos firmemente que es mejor dejar muchas cosas de la vida en manos de cada individuo. El derecho a la vida privada es real. Creemos que el estado, incluso el estado obrero, no debe meter la nariz en nuestra "búsqueda de la felicidad". Las buenas cercas a veces sí logran hacer buenos vecinos, por lo menos metafóricamente; no tienen que ser cercas grandes, sino cercas nada más.

Ni la dictadura del proletariado ni la sociedad comunista es un puente que lleve hacia algún tipo de inmensas barracas colectivas de la humanidad, ni tiene nada que ver con algo por el estilo. El comunismo no se trata de eso. Todo lo contrario, como explica el Manifiesto Comunista, "En sustitución de la antigua sociedad burguesa, con sus clases y sus antagonismos de clase, surgirá una sociedad en que el libre desarrollo de cada uno será la condición del libre desarrollo de todos".[21]

HOY, MÁS DE 130 AÑOS después de que Marx identificó las fuerzas de clase capaces de hacer la tercera revolución norteamericana —una revolución socialista— esa misma alianza sigue siendo fundamental para la tarea: el trabajo libre, los agricultores libres explotados por el capital, y los hombres y mujeres liberados de la esclavocracia derrotada. Esas fuerzas siguen siendo esenciales para la formación de una liga de la tierra y del trabajo moderna,[22] el partido proletario revolucionario que po-

21. Marx y Engels, *El manifiesto comunista*, pág. 59.

22. La Liga de la Tierra y del Trabajo fue inaugurada en una conferencia de trabajadores en Londres, Inglaterra, en octubre

drá cumplir la tarea. En medio de las poderosas huelgas a nivel nacional desatadas por los obreros ferrocarrileros en 1877, Marx escribió a Engels:

> La primera erupción contra la oligarquía del capital asociado que ha surgido desde la Guerra Civil naturalmente será sofocada, pero muy bien podría formar el punto de partida para el establecimiento de un partido obrero serio en Estados Unidos…
>
> La política del nuevo presidente [de retirar los soldados de la Unión que respaldaban a los gobiernos de Reconstrucción Radical en todo el Sur] convertirá a los negros en aliados de los trabajadores y las grandes expropiaciones de tierras (especialmente de tierras fértiles) a favor de las compañías ferrocarrileras, mineras,

---

de 1869. Se organizó a iniciativa de la dirección de la Asociación Internacional de Trabajadores (AIT, la "Primera Internacional"), de la que Carlos Marx y Federico Engels fueron dirigentes centrales. Al escribir a Engels sobre la fundación de la nueva organización —cuyo objetivo era unificar a los obreros industriales en las ciudades con los trabajadores agrícolas y otros trabajadores rurales en Inglaterra, Irlanda, Escocia y Gales— Marx dijo que "aquí, el partido obrero realiza una ruptura clara con la burguesía" en lo político. Marx se afilió a la Liga de la Tierra y del Trabajo, y un buen número de sus dirigentes eran miembros del Consejo General de la AIT. Sin embargo, para finales de 1870 las fuerzas burguesas habían logrado dominar la dirección de la liga, encaminando la organización hacia un rumbo que la alejaba de la AIT y de su propia declaración inaugural de "que nada menos que una transformación de la situación social y política existente [puede] servir, y que dicha transformación solo [pueden] efectuarla los millones de las masas trabajadoras mismas".

> etcétera, convertirán a los campesinos del Oeste, que ya están muy desilusionados, en aliados de los trabajadores.[23]

Como explicamos en el informe del congreso del PST de 1984 titulado "La lucha por un gobierno de trabajadores y agricultores en Estados Unidos":[24]

> Esto no había de suceder. Las reservas económicas y políticas de la burguesía industrial estadounidense en ascenso estaban lejos de agotarse; en el transcurso del siguiente medio siglo, Estados Unidos llegaría a ser la potencia imperialista más poderosa del mundo. Además, la derrota de la Reconstrucción Radical —lo que Farrell Dobbs califica como el "peor revés" que nuestra clase sufrió en la historia de este país[25]— fue un golpe mucho más devastador para los negros y para el resto del pueblo trabajador norteamericano de lo que Marx había anticipado. La clase trabajadora estadounidense permanece profundamente dividida por la opresión nacional de los negros que fue reinstitucionalizada sobre

---

23. De Marx a Engels, 25 de julio de 1877. En *Marx and Engels on the United States* (Marx y Engels sobre Estados Unidos; Moscú: Editorial Progreso, 1979), pág. 272. En las obras completas de Marx y Engels en inglés se encuentra una traducción distinta, tomo 45, pág. 251.

24. En el número 4 de *New International*, págs. 280–81.

25. Ver el capítulo "Indigenous Origins" (Orígenes nativos) en Farrell Dobbs, *Revolutionary Continuity: Marxist Leadership in the United States, The Early Years (1848–1917)* (Continuidad revolucionaria: dirección marxista en Estados Unidos: los primeros años, 1848–1917; Pathfinder, 1980), en particular las págs. 69–70.

> nuevas bases en las sangrientas secuelas de 1877. El primer paso de gigante del movimiento obrero norteamericano hacia la formación de los principales sindicatos industriales no llegó sino seis décadas después, y la formación del partido obrero que Marx anticipó... sigue siendo una tarea incumplida de nuestra clase hasta la fecha.
>
> Sin embargo, Marx no podría haber tenido más razón acerca de la alianza de fuerzas sociales que serán fundamentales para una revolución exitosa en Estados Unidos. Tampoco podría haber tenido más razón sobre quién se había convertido progresivamente en el enemigo de clase común de los trabajadores y agricultores norteamericanos, tanto negros como blancos, con la traición de la Reconstrucción Radical.

Eso sigue siendo la prognosis de la revolución norteamericana, de la conquista del poder y del establecimiento de la dictadura del proletariado en Estados Unidos, hasta el día de hoy.

III

DURANTE UNO DE LOS RECESOS, un camarada de Islandia me llamó la atención a una sección de *El rostro cambiante de la política en Estados Unidos* titulada "Nacionalismo proletario y pequeñoburgués". Preguntó si yo podía abordar esto en el resumen, a la luz de lo que hemos estado discutiendo aquí en relación con la lucha negra, el nacionalismo negro y el peso de

---

Tomado del resumen final presentado el 24 de enero de 2006.

los trabajadores que son negros en la lucha por la dictadura proletaria.

La sección es del informe al Comité Nacional de abril de 1979, publicado bajo el título "Una nueva etapa de la política obrera revolucionaria". Comienza diciendo que el viraje a la industria, y los cambios en la política y en la clase trabajadora que hicieron el viraje tanto necesario como posible, pusieron al partido "en una buena situación hoy día para aclarar nuestro entendimiento del nacionalismo negro. No hay motivo hoy para cambiar nuestro análisis de que se profundiza la conciencia nacionalista entre los negros en tanto se profundiza la lucha de clases".

El informe pasa a explicar los escollos que a veces enfrentan los camaradas al tratar de distinguir diversas corrientes políticas en la lucha negra: por ejemplo, al hacer una distinción inexacta entre el nacionalismo "cultural" y el "político". Más próximos a ser acertados, pero aún lejos de dar en el blanco, a veces utilizábamos expresiones como "nacionalismo consecuente e inconsecuente", decía el informe. "Malcolm X era consecuente al luchar por los intereses de las masas negras, señalábamos. Eso lo llevaba hacia la lucha de clases, hacia el antiimperialismo, y hacia un bloque con los socialistas revolucionarios. Esto no ocurría por casualidad; era la lógica del orgullo, la confianza y la afirmación consecuente de una nacionalidad oprimida que es proletaria en su abrumadora mayoría".

Eso todavía me parece correcto, hasta donde llega, pero aún no es una clara explicación de clase.

"El pueblo negro no es homogéneo", continuaba diciendo el informe de 1979. "Y las presiones que se ejercen sobre él se originan en distintas clases. Tiene sus capas pequeñoburguesas, incluidos muchos que encabezan las organizaciones negras. El nacionalismo negro puede ser una expresión de conciencia proletaria o bien puede ser pequeñoburgués.

"¿Qué es el nacionalismo negro consecuente? Es el nacionalismo proletario.

"¿Qué es el nacionalismo negro inconsecuente? Es el nacionalismo pequeñoburgués".

ESTE PASAJE DE HACE 25 AÑOS no es tan exacto o preciso como lo que hemos estado debatiendo en esta reunión del Comité Nacional y lo que hemos venido diciendo por bastante tiempo. Pero tanto el pasaje de *El rostro cambiante* como lo que estamos debatiendo aquí son consecuentes con la forma en que los revolucionarios hemos *actuado* políticamente en la lucha de clases durante medio siglo o más.

Sin embargo, el nacionalismo negro consecuente *no* conduce al socialismo. No es cierto. Como señaló Sam [Manuel] durante la discusión, ¿quién puede decir que Louis Farrakhan no es un "nacionalista negro consecuente"? ¿O que Elijah Muhammad no era un "nacionalista negro consecuente"? Una cosa sí es segura: por lo que Malcolm mismo relata, los criterios políticos a los que él había llegado para finales de 1964 no eran producto del "nacionalismo negro consecuente". De hecho, para llegar a esos criterios, Malcolm dijo que tuvo que dejar de considerarse nacionalista negro.

Más importante aún, no hay tal cosa como "nacionalismo proletario". La única conciencia que es *proletaria* es la *conciencia de clase*, que conduce a la liberación de la clase trabajadora a través de la lucha por la dictadura del proletariado. Si bien esa lucha proletaria se da país por país, contra determinadas clases dominantes nacionales y sus estados, forma parte de la batalla mundial por el socialismo que libra una clase internacional, la clase trabajadora. Esa es la base material del internacionalismo proletario, que es inseparable del comunismo.

Del nacionalismo al comunismo: una ruptura de clase

Lo que intentábamos explicar en el informe de 1979, como guía política de *qué hacer*, no se lograba refiriéndose al nacionalismo proletario contra el nacionalismo pequeñoburgués. Tratábamos de explicar la *conducta política* contradictoria de distintos individuos y corrientes que se reclaman nacionalistas negros, o que así se habían reclamado en algún momento. ¿Por cuáles intereses de clase luchan? ¿Buscan impulsar los intereses de la gran mayoría obrera de la oprimida nacionalidad negra? Sus acciones, la manera en que viven su vida, su trayectoria política, ¿son consecuentes con esos objetivos?

Cuando Malcolm abandonó la Nación del Islam a comienzos de 1964, no solo fue una ruptura moral por la conducta hipócrita de Elijah Muhammad hacia las mujeres en la organización, aunque la importancia que eso tenía para Malcolm y su compromiso profundo con la integridad era mucho mayor de lo que frecuentemente se le atribuye. La salida de Malcolm de la Nación no fue siquiera solo una ruptura *política*. Sí, las dimensiones tanto morales como políticas fueron importantes en la decisión que tomó Malcolm, como le dijo al *Young Socialist*. "Yo opinaba que en muchas áreas el movimiento venía arrastrando los pies", dijo en la entrevista. "No se involucraba en las luchas civiles, cívicas o políticas que afrontaba nuestro pueblo. No hacía más que subrayar la importancia de la reforma moral: no bebas, no fumes, no permitas la fornicación y el adulterio. Cuando descubrí que la propia jerarquía no estaba poniendo en práctica lo que predicaba, vi con claridad que ese aspecto de su programa estaba en bancarrota".[26]

Pero Malcolm también hizo una ruptura de *clase*. Y ahondó su orientación hacia la clase trabajadora, y hacia el movimiento revolucionario proletario, en los siguientes 11 meses de su vida. Malcolm no temía ir adonde lo llevara la lógica política de la lucha intransigente contra la opresión y la explotación, independientemente de conceptos y creencias anteriores.

Independientemente de dónde se encontrara él en el mundo.

Independientemente de si eso lo llevaba a cruzar líneas de color.

Independientemente de si eso lo llevaba a cruzar líneas religiosas. (Ni la dirección del Frente de Liberación Nacional de Argelia ni la del gobierno revolucionario cubano decían guiarse por la religión. Muy demostrativamente al contrario. Y Malcolm lo sabía muy bien).

E independientemente de los prejuicios políticos muy difundidos —es decir, del *red-baiting*— contra aquellos a quienes él reconocía cada vez más como aliados, como compañeros revolucionarios. (Eso no incluía a los estalinistas o a los socialdemócratas).

Malcolm pasó todas estas pruebas. Y fue esta trayectoria política de clase la que lo condujo a la conclusión de dejar de usar el término nacionalismo negro para describir su curso revolucionario. Fue esto lo que lo llevó a insistir que tal curso político —lo que en esta etapa él llamaba una "filosofía global"— necesitaría trascender la cuestión de raza y sus reflejos en la política en el mundo imperialista.

Durante el último año de su vida, Malcolm aún no te-

26. *Malcolm X habla a la juventud*, pág. 126.

nía una explicación precisa para el calibre revolucionario del *Militant,* para su fiabilidad e integridad al publicar sus discursos, para sus reportajes exactos sobre acontecimientos en Estados Unidos y política mundial que no se podían encontrar en ninguna otra parte. Aún no tenía una explicación precisa para el Partido Socialista de los Trabajadores y la Alianza de la Juventud Socialista, algunos de cuyos cuadros y dirigentes él había llegado a conocer, a respetar y a tenerles confianza. Eran organizaciones cuyos miembros en su mayoría eran blancos, pero con quienes él podía trabajar como compañeros revolucionarios y como iguales políticos: ya fuera con un hermano negro como Clifton DeBerry,[27] o con muchos de nosotros que no éramos "hermanos" en ese sentido.

Malcolm no tenía explicación para nada de esto. Pero tenía curiosidad. ¿Por qué fue al Militant Labor Forum la primera vez en abril de 1964? ¿Por qué fue a hablar en "la parte sur" (*downtown*), como decía, algo que nunca antes había hecho en una actividad pública en Nueva York? Creo que tenía curiosidad. Curiosidad *política.* Quería conocer a los organizadores y ver el público. ¿Qué clase de personas eran? ¿Qué tipo de organizaciones? ¿Cómo se comportarían? ¿Cómo organizarían el evento? ¿Cómo lo moderarían? ¿Cómo organizarían la defensa?

Estas no eran preguntas menores. Y la búsqueda de las respuestas llevó a Malcolm a trabajar con estos revolucionarios en más y más aguas inexploradas.

Lo que Malcolm descubrió, combinado con lo que ya sabía acerca del *Militant,* bastó para que pidiera volver y

---

27. Clifton DeBerry (1923–2006) era un militante sindical y luchador por los derechos de los negros, veterano dirigente del Partido Socialista de los Trabajadores, y candidato del PST a presidente de Estados Unidos en 1964.

PRENSA ASOCIADA

FLAX HERMES / MILITANTE

"Muchos conocemos de primera mano el perdurable impacto social y político que han tenido, entre el pueblo trabajador y el movimiento obrero hoy día, el movimiento de masas pro derechos civiles y el ascenso de la lucha de liberación negra desde mediados de los años 50 hasta principios de los 70".

ARRIBA: "Viajeros de la Libertad" en Birmingham, Alabama, durante campaña para desegregar el servicio interestatal de buses, 1961.
ABAJO: El Frente de Liberación Nacional de Vietnam "jamás nos llamó *nigger*", dice pancarta en protesta contra guerra de Washington en Vietnam, abril de 1967, San Francisco. La poderosa lucha pro derechos de los negros impactó decisivamente el carácter del movimiento antiguerra.

hablar después de regresar de su primer viaje a África. Bastó para que aceptara una invitación para hablar de nuevo en un foro en enero de 1965. Bastó para que concediera una entrevista a la revista *Young Socialist.* Bastó para que propusiera dar a los dirigentes de la AJS una lista de jóvenes contactos en África y Europa a fin de escribirles y colaborar con ellos. Bastó para que contemplara seriamente una gira de conferencias organizada por la AJS en recintos universitarios en los meses siguientes de 1965. Bastó para que todas las semanas colocara demostrativamente una pila de ejemplares del *Militant* para vender en la sede de la OAAU. Y que le pidiera a Clifton DeBerry que fuera uno de los que dieran una clase a dirigentes de la OAAU.

Conforme Malcolm se desarrolló políticamente tras la ruptura con la Nación, comenzó a alejarse de la ideología, es decir, alejarse de una falsa conciencia, que era el único "programa" posible en una organización como la Nación. Comenzó a rechazar el "programa" de la Nación parte por parte. Comenzó a visualizar el desarrollo de un programa de liberación que pudiera triunfar, en el mundo tal como es: no un mundo negro o un mundo blanco, sino un mundo dialécticamente interrelacionado, con estados poderosos.

Sin embargo, para comprender hacia dónde se dirigía Malcolm, no consulten la "Declaración de Metas y Objetivos Básicos" de la OAAU de junio de 1964, ni tampoco siquiera su "Programa Básico de Unidad", que se iba a anunciar en la reunión en Harlem donde fue asesinado en febrero de 1965. El programa que Malcolm estaba desarrollando era la generalización de cómo actuaba, y lo que planteaba en sus discursos, discursos que la Pathfinder ha mantenido impresos y que cualquiera puede leer y estudiar.

Cuando Malcolm fue asesinado, el programa todavía era en gran parte una obra en curso. Era todavía más táctica que estrategia. Se prestaba a distintas interpretaciones. Todavía no brindaba a los que acudían a Malcolm una perspectiva mundial coherente o un ritmo constante de actividades políticas, de cosas que hacer para impulsar esas perspectivas. Como dijera Malcolm en la entrevista de la *YS* apenas unas semanas antes de ser asesinado: "Todavía me resultaría muy difícil dar una definición específica de la filosofía global" —el programa, la estrategia, la práctica revolucionaria— "que yo creo que es necesaria para la liberación del pueblo negro".

LO DECISIVO PARA MALCOLM en los meses antes de su asesinato eran las cosas prácticas: *esas* eran la teoría cuyas huellas se podían ver realmente en el mundo profano. Lo que él hacía. Lo que aclaraba y explicaba. Lo que demostraba con hechos: con los lugares adonde iba, con las advertencias que rechazaba sobre qué "no hacer".

Sin embargo, Malcolm sí siguió la lógica de sus convicciones revolucionarias y sus hallazgos. No se retrajo cuando esa trayectoria significó abandonar conceptos preconcebidos que él había sostenido gran parte de su vida adulta. A medida que se ahondaron sus convicciones antiimperialistas e internacionalistas, tuvo que afrontar el hecho de que la humanidad no es una mayoría negra. Y no recurría a maniobras graciosas. No era demagogo. No decía simplemente: bueno, la humanidad en su mayoría no es blanca. Malcolm también afrontó lo que habrá parecido ser otro obstáculo considerable: el hecho que la mayoría de los revolucionarios del siglo XX no son ni islámicos ni religiosos de forma alguna. Malcolm no esquivaba esos obstáculos; saltaba por encima de ellos. Lo importante del argelino que había conocido, nos dijo Malcolm, fue que era "extremadamente combativo" y era revolucionario, "un verdadero revolucionario".

Así trabajaba Malcolm con la "gente del *Militant*", con "los del MLF", como decían James y Reuben cuando llegaban a 116 University Place para conversar. Fue así que Malcolm trabajó con miembros de una organización que en su composición racial era en su mayoría caucásica, 100 por ciento no creyentes, y para colmo comunistas. Porque éramos revolucionarios. Por el rumbo hacia dónde íbamos políticamente. Por ese rumbo él también quería ir. Era una convergencia *política*. Una trayectoria revolucionaria hacia la lucha por el poder estatal no era un gran salto para Malcolm en aquella etapa.

Si podemos comprender esto, entonces estamos equipados para organizar y actuar a partir de lo que sabemos sobre la historia establecida de combate político por parte de los trabajadores que son negros, y por tanto sobre su papel de vanguardia y su peso entre los luchadores más capaces, militantes e intrépidos por la dictadura proletaria en Estados Unidos. Estamos preparados para reconocer que lo que Trotsky explicaba a los dirigentes del PST en 1933 y 1939 no era el nacionalismo negro, sino las posibilidades que la dictadura del proletariado les abre a los negros y a las demás capas oprimidas entre las fuerzas amplias que se atreven a "tomar el cielo por asalto", como dijo Marx. Podemos comprender por qué tenemos razón al decir que la cuestión negra, la combatividad negra y el orgullo negro saldrán al frente cada vez que haya un ascenso importante en la lucha de clases y cada vez que avance el proletariado.

Y comprenderemos por qué los que aspiran profundamente a borrar todas y cada una de las formas odiadas y sangrientas de opresión racista y de superexplotación de la faz de la Tierra son los que quieren —tanto como cualquiera, si no más que nadie— la dictadura del proletariado como un arma poderosa en sus manos.

Eso es lo que defiende y por lo que lucha el Partido Socialista de los Trabajadores.

IV

BASADO EN EL DEBATE de esta reunión hasta ahora, estoy convencido de que aún no tenemos claridad sobre varios aspectos importantes de lo que el Comité Nacional debatió y aprobó en nuestra reunión de enero sobre la lucha negra y la lucha por la dictadura del proletariado. Repasemos estos puntos, para que podamos propiciar un poco más de discusión y determinar si tenemos suficiente claridad sobre estos en el Comité Nacional para publicarlos para el partido y luego para el público obrero.

Más que una lucha contra el racismo en general

Primero, tenemos que separar la lucha de liberación negra en Estados Unidos de las batallas contra la intolerancia racista en general y por los derechos de inmigrantes. Y esto incluye luchas para impulsar los derechos y condiciones de los inmigrantes de Haití, del Caribe de habla inglesa y de África. Hay muchos puntos de intersección, por supuesto, y cuando se combinan, la fuerza y la solidaridad de estas batallas interrelacionadas resuenan a nivel internacional. Pero la lucha negra en Estados Unidos es más que simplemente un caso más —aunque sea políticamente el de mayor peso— de una lucha mundial

---

De las palabras de Jack Barnes del 20 de marzo de 2006 en una reunión del Comité Nacional del PST.

contra el legado de la esclavitud africana y la opresión racista de quienes tienen la piel negra.

Durante la discusión James [Harris] discrepó con los comentarios de Maggie [Trowe] de que las ramas a menudo no prestan suficiente atención política a las ventas y al trabajo político en la comunidad negra. James dijo que al menos en relación con la venta de nuestra prensa, no creía que fuera exacto. Si uno examinaba la base de suscripciones del *Militant* en la mayoría de las localidades, dijo James, encontraría un porcentaje desproporcionadamente alto de suscriptores que son negros comparado con su porcentaje en la población.

Puede que sea cierto, pero eso no toca la cuestión política que Maggie planteaba, al menos según la entendí. Tomemos a Miami, por ejemplo. Uno puede manejar por la zona donde está la sede de la rama, y donde viven algunos camaradas, y pensar que ha ido a parar a Puerto Príncipe. Hay muchos rostros negros. Hay un sinnúmero de expresiones de las consecuencias del racismo, de la superexplotación y de la discriminación contra los inmigrantes. Pero podemos hacer muchas ventas y trabajo político allí sin jamás acercarnos siquiera a Liberty City, Overtown u otras partes de la comunidad negra en Miami. Eso era lo que planteaba Maggie, pienso. ¿Dónde concentramos nuestras ventas y campañas de suscripciones en Miami? Y estoy seguro que la pertinencia de ese punto no se limita a Florida.[28]

---

28. Durante el debate en una reunión posterior del Comité Nacional en mayo de 2006, James Harris dijo que había quedado sorprendido cuando regresó a Los Ángeles en marzo y revisó las cifras del número de suscripciones vendidas a negros durante la campaña de invierno. Concluyó que los comentarios de Maggie Trowe habían sido más correctos que su reacción.

La cuestión negra en Estados Unidos no se arraiga simplemente en el color de la piel o los orígenes africanos. Los haitiano-americanos y los afroamericanos no comparten una historia política común, un historial común de lucha de vanguardia en este país. Como discutimos ayer, los negros en Estados Unidos pueden trazar su herencia remontándose entre 10 y 20 generaciones atrás en Norteamérica: pasando por la esclavitud, la Guerra Civil contra la esclavocracia, el ascenso y la caída de la Reconstrucción Radical, la opresión y el terror de Jim Crow, el semipeonaje y las batallas para mantenerse en la tierra, la masiva migración hacia las zonas urbanas y el Norte, las batallas de sindicalización y otras luchas sociales con dirección proletaria, el movimiento por los derechos de los negros, la organización de autodefensa armada y otras luchas políticas y sociales —ejemplares— de vanguardia. Eso no se puede decir, de la misma manera, de aquellos que son de Haití, o del Caribe de habla inglesa o de África. Y ese hecho tiene implicaciones sociales y políticas para la vanguardia de la clase trabajadora, así como consecuencias prácticas para nuestro trabajo.

EN UN SENTIDO POLÍTICO, la lucha negra en Estados Unidos es una cuestión diferente de las luchas de aquellos que provienen de una inmigración más reciente. Para ver una lección de cuán diferente, lean la primera plana del diario de esta mañana. El artículo, titulado "Se ahondan dificultades para hombres negros, advierte estudio", informa, entre otras cosas, que el 72 por ciento de los hombres negros mayores de 20 años que abandonaron la secundaria están desempleados (comparado con un 34 por ciento de los que abandonaron la escuela que son blancos), y que el 60 por ciento de los hombres negros que abandonaron la escuela han estado en prisión en algún momento al llegar a mitad de sus 30. Esas cifras provienen de diversos estudios recientes, y hay motivos para creer que al menos son aproximadamente representativas de la situación real. Estas condiciones afectan a la población negra radicada a largo plazo en este país de maneras que son bastante diferentes de las de los inmigrantes de primera o segunda generación, incluidos los de ascendencia africana.

Sí, es importante que llevemos a cabo trabajo político entre los trabajadores haitianos en Miami, Washington, Nueva York, Boston y demás zonas donde haya concentraciones. Sí, queremos atraer a los africanos que viven en Estados Unidos al movimiento comunista, y tenemos una herramienta política adicional —por encima y más allá de nuestro arsenal general político marxista— en nuestros libros y folletos de Thomas Sankara.

Pero es posible hacer todas estas cosas y no tocar la cuestión de impulsar nuestra participación en las luchas de los trabajadores y jóvenes que son afroamericanos. *Hacer eso* requiere conciencia política. Requiere hábitos de disciplina, objetividad política y centralismo revolucionario. Y requiere un entendimiento de las cuestiones estratégicas y programáticas que hemos venido debatiendo en las dos últimas reuniones del Comité Nacional.

Varios camaradas han comentado en ambas reuniones que los trabajadores que son negros responden con interés no solo a los encabezados y artículos sobre la lucha contra el racismo antinegro, sino a los artículos sobre cuestiones sindicales, la defensa de los derechos políticos, la inmigración, la liberación de la mujer, la guerra de Washington contra Iraq, la Revolución Cubana, la lucha de clases en Venezuela, etcétera. Si no fuera así, entonces nada de lo que estamos diciendo tendría sentido políticamente. Pero es así, por todas las razones que hemos venido discutiendo sobre la historia de lucha de los trabajadores que son negros.

Una cuestión estadounidense y una cuestión mundial

Como han planteado en la discusión los camaradas de Canadá, la situación allá es diferente. Un porcentaje mucho mayor de la población que es negra son inmigrantes relativamente recientes.[29]

A través de la historia de la Liga Comunista y sus antecesoras en Canadá, los camaradas han participado en la resistencia al racismo antinegro, a la brutalidad policiaca y otras luchas. Se topan más y más con trabajadores combativos que son negros, en el trabajo y fuera del trabajo, en Toronto, Montreal, Vancouver y otras ciudades. En el último par de años, como han descrito los camaradas aquí, han vendido libros y suscripciones y han desarrollado relaciones con un conjunto de trabajadores de Sudán que fueron dirigentes y cuadros de la huelga de los empacadores de carne sindicalizados por el UFCW en Brooks, Alberta.

Sin embargo, la cuestión que hemos estado discutiendo es muy específica.

Políticamente, la cuestión negra en Canadá es una extensión de la cuestión negra en Estados Unidos. Es así ante todo porque la lucha negra en este país desde los años 50 ha tenido un impacto tan poderoso sobre los de origen africano (y otros que son objeto del racismo) por todo el

29. Según las cifras del gobierno canadiense en 2001, de los más de 660 mil negros en Canadá, en solo el 10 por ciento de los casos su padre y su madre habían nacido en Canadá.

mundo: desde Canadá hasta el Caribe, América Latina, Europa occidental, y África misma. En Canadá el impacto ha sido incluso más directo de muchas formas debido a la cercanía geográfica y cultural de los dos países.

Recuerdo que cuando yo estaba en la rama de Chicago, a principios de los 60, a menudo íbamos a Detroit en viajes regionales. En el curso de su actividad semanal allí, los camaradas siempre conocían a trabajadores y estudiantes que eran negros en Windsor y otras partes de Ontario. Personas involucradas en actividades por los derechos de los negros y otro trabajo político viajaban de un lado al otro de la frontera todo el tiempo, y aún lo hacen. Muchos negros en Canadá fueron profundamente influenciados políticamente por Malcolm X y por sucesos políticos en la lucha de clases en Estados Unidos. Todo eso se mantiene vigente.

La cuestión negra en Canadá es también una cuestión estadounidense también por otra razón: sus orígenes. Tras perder la guerra en la primera revolución estadounidense, el ejército británico organizó una asombrosa proeza militar y social. A comienzos del conflicto habían prometido la emancipación a cualquier esclavo o persona sometida a la servidumbre en las 13 colonias que se alzara en armas contra los rebeldes, y miles lo hicieron. En 1783, después de su derrota, las fuerzas británicas evacuaron a más de 3 mil negros desde el puerto de Nueva York y los reasentaron en Nueva Escocia. Esa fue la primera población negra sustancial en Canadá, y muchos de sus descendientes siguen allí. Más de 13 mil negros viven en Halifax y —a diferencia del resto de Canadá— más del 90 por ciento son nacidos allí. Otros descendientes emigraron de Nueva Escocia a otra partes en Canadá o al exterior.

Frente al racismo antinegro, por supuesto, todas las

personas de origen africano en Canadá —hayan nacido en Halifax o en Windsor; en Kingston, Jamaica; Puerto Príncipe, Haití; Accra, Ghana; o Dakar, Senegal; ya sea que hablen inglés, francés u otro idioma— llegan a reconocer que a los ojos de los intolerantes simplemente se les considera negros. Lo mismo sucede con los inmigrantes de origen africano en el Reino Unido y Europa continental, así como en algunas partes de América Latina y el Caribe.

La nacionalidad es una cuestión social y política, una cuestión histórica, no una cuestión biológica. En Sudán, los sudaneses pueden considerarse árabes o africanos, musulmanes o cristianos. Algunos le dan prioridad a la identificación tribal, mientras que otros se consideran ante todo sudaneses. Sin embargo, en Norteamérica o Europa, independientemente de su pigmentación, simplemente se les considera negros. Esto no es una ciencia del arco iris. Es la realidad de clase de la vida social y política bajo el orden mundial imperialista.

Eso es importante. La lucha contra la opresión negra, según lo reconoció la Internacional Comunista hace más de 80 años, es una cuestión mundial. Pero la historia de lucha común que caracteriza a la nacionalidad negra en Estados Unidos le asigna un papel singular en la lucha revolucionaria por la dictadura del proletariado en este país y —debido al poder del imperialismo estadounidense— en la lucha mundial por el socialismo también.

Reconstrucción Radical

Durante la discusión, un camarada utilizó una formulación abreviada que yo he escuchado antes: que la nacionalidad negra en Estados Unidos "se forjó con la derrota de la Reconstrucción Radical".

Eso no es correcto.

Por supuesto, si la Reconstrucción Radical *no hubiese sido derrotada*, y si la lucha por "40 acres y una mula" *hubiese triunfado*, entonces no estaba predestinado que los esclavos liberados habrían surgido como nacionalidad oprimida para finales del siglo XIX. Eso es cierto. Habrían formado parte de un vasto movimiento social proletario de trabajadores, agricultores libres y ex esclavos.

Pero lo que forjó a la nacionalidad negra en Estados Unidos no fue lo que Farrell, como indiqué antes, acertadamente llamó ¡"el peor revés" en la historia de la clase trabajadora estadounidense! La nacionalidad negra se forjó no por una derrota sino por las capacidades, la actividad de lucha de clases de vanguardia, y la conciencia social y política de los esclavos emancipados. Se forjó a medida que *utilizaron* su libertad para transformarse de esclavos en actores políticos proletarios de vanguardia, en hacedores de historia más amplios.

El aplastamiento de la Reconstrucción Radical fue una contrarrevolución sangrienta que llevaron a cabo bandas derechistas armadas como el Ku Klux Klan, los Caballeros de la Camelia Blanca y otras más. Tras aprobarse las Leyes de Reconstrucción de 1867, tropas federales fueron apostadas por todo el Sur con el fin, entre otras cosas, de hacer valer los derechos de ciudadanía y sufragio de los esclavos liberados bajo las Enmiendas 14 y 15.[30] Ya para mediados de la década de 1870, el gobierno

30. La Enmienda 14, ratificada en 1868, garantizaba la ciudadanía estadounidense a los esclavos liberados. La Enmienda 15, ratificada en 1870, declaraba: "Ni Estados Unidos ni ningún estado podrá negar o restringir el derecho de sufragio de los ciudadanos de Estados Unidos por motivos de raza, color o condiciones an-

federal inicialmente empezó a ordenar que esas fuerzas no intervinieran en defensa de los gobiernos estatales electos de Reconstrucción, y para 1877 las tropas fueron retiradas completamente.

Esa derrota no solo cerró la puerta a cualquier nueva extensión popular y radical de la revolución burguesa norteamericana profundizada por la Guerra Civil y por la eliminación de la esclavitud; hizo que se diera marcha atrás por casi un siglo.

No olviden que siempre hemos reconocido la Guerra Civil como la segunda revolución norteamericana. Sin embargo, para finales del siglo XIX, ya era demasiado tarde en Estados Unidos para que hubiera más avances exitosos de la revolución burguesa. Con el desarrollo de la monopolización capitalista y el ascenso del dominio del capital financiero, ya para los últimos años del siglo Estados Unidos emergió como potencia imperialista. Lo que en Estados Unidos se conoce como la Guerra Hispano-Americana fue la primera guerra imperialista del mundo. A partir de entonces, nuevos avances en la lucha por los derechos de los negros —pese a los repetidos casos de inacción y traición por la cúpula sindical colaboracionista de clases y por los maldirigentes de las organizaciones socialdemócratas y estalinistas— han estado ligados inextricablemente a la línea de marcha de la clase trabajadora hacia la conquista del poder y el establecimiento de la dictadura proletaria.

---

teriores de servidumbre". En respuesta a las luchas de los negros y otras masas trabajadoras desde el fin de la Segunda Guerra Mundial, los tribunales y el Congreso ha usado las cláusulas de "debido proceso" e "igual protección" bajo la Enmienda 14 como base para formular leyes y dictámenes que protegen los derechos civiles de los negros, los inmigrantes y las mujeres.

Historial de logros

Después de la Guerra Civil, los trabajadores y agricultores que eran negros lucharon por impedir la reimposición de las cuadrillas de trabajadores por contrato en los campos por todo el Sur. Lucharon por tierra. Libraron batallas durante la Reconstrucción Radical por escuelas, el sufragio, créditos baratos y servicios de extensión agrícola, y otras necesidades del conjunto del pueblo trabajador. Organizaron resistencia armada frente a los ataques derechistas violentos contra los gobiernos estatales de Reconstrucción.

Pequeños agricultores y trabajadores asalariados que eran blancos también se involucraron en estas luchas. Las conquistas sociales de los regímenes de Reconstrucción más avanzados, como en Carolina del Sur, eran sumamente populares entre las masas trabajadoras, independientemente del color de su piel. Muchos pequeños agricultores y trabajadores asalariados en las montañas y otras regiones por todo el Sur jamás habían apoyado la esclavitud. Resistieron a la Confederación durante la Guerra Civil, a veces incluso rechazando la conscripción y el pago de impuestos especiales. Tras la guerra, reconocieron que nunca habían *tenido* gobiernos locales como muchos de los que surgieron durante la Reconstrucción. Nunca habían *tenido* gobiernos que les brindaran educación pública gratuita, que les ayudaran a obtener préstamos de bajo interés, que establecieran escuelas de agricultura y enviaran asesores agrícolas itinerantes a las zonas rurales. Todo eso fue muy popular.

Tras la derrota de la Reconstrucción Radical, los negros libraron incontables escaramuzas —durante las décadas de 1880 y 1890 y hasta entrado el siglo XX— contra la imposición de la segregación Jim Crow y del terror racista por todo el Sur. Lucharon para poder retener su tierra. Y han estado en la vanguardia de todas las luchas sociales y políticas de liderazgo proletario en el siglo XX que hemos señalado.

Este *historial de lucha* es lo que forjó la nacionalidad negra. Fue producto de una conquista política positiva, no de una gran derrota histórica. La nacionalidad negra se fraguó a partir de estos *logros*, no de su propia *opresión*. Fue una muestra de conciencia de su *valía* política. Tenemos que reconocer ambos aspectos de lo que sucedió. Necesitamos entender la derrota de la Reconstrucción Radical, que sentó las bases para la imposición sangrienta del terror y la segregación Jim Crow. Pero también tenemos que ver las luchas antes, durante y desde la Reconstrucción Radical que forjaron una nacionalidad que ha producido una generación tras otra de militantes de vanguardia en las luchas sociales y políticas de este país.

Los gobernantes capitalistas intentan ocultar la historia de la Reconstrucción Radical, igual que tratan de ocultar la historia de las batallas obreras en este país. (Y la publicación de *Nuestra historia aún se está escribiendo* debiera recordarnos cómo también ocultan la verdadera historia de los logros y la opresión de los trabajadores inmigrantes chinos en este país). A la mayoría de nosotros no se nos enseñó mucho más en la escuela sobre la Reconstrucción que las historias sobre los escandalosos "*scalawags*" del Sur y los notorios "*carpetbaggers*" del Norte. Quieren encubrir la verdad porque hace añicos todo concepto racista y antiobrero de lo que los negros pueden lograr, del potencial de forjar alianzas combativas con trabajadores y agricultores que son blancos, y mucho más.

Para que esa falsificación se comenzara a deshacer a

una escala amplia, hizo falta no solo el ascenso de un movimiento proletario de masas dirigido por negros, sino un libro titulado *The Strange Career of Jim Crow.*[31] Fue escrito por un historiador nacido en el Sur, de nombre C. Vann Woodward, y publicado en 1955, justo cuando las luchas de masas por los derechos civiles echaban a andar en Montgomery, Alabama. De hecho, muchos militantes pro derechos civiles adoptaron ese librito y lo utilizaron para demostrar que las relaciones sociales en el Sur después de la Guerra Civil no siempre habían sido lo que llegaron a ser bajo las condiciones de segregación Jim Crow.

Una vez que ha leído *The Strange Career of Jim Crow,* uno está listo para volver a leer y retomar *Black Reconstruction* de W.E.B. DuBois,[32] con toda su detallada fuerza descriptiva, así como sus exageraciones estalinistas del "tercer período", como por ejemplo cuando representa a los gobiernos de Reconstrucción como la dictadura del proletariado. Sin embargo, si uno interpreta la frase de DuBois "Reconstrucción Negra" como "Reconstrucción dirigida desproporcionadamente por negros", entonces el título del libro ofrece una descripción mayormente exacta de lo que realmente se desarrolló.

En todo caso, necesitamos ser claros y precisos cuando hablamos de la forja de la nacionalidad negra. Necesitamos volver a leer cuidadosamente lo que hemos escrito sobre la Reconstrucción Radical en *New International* y otras obras. Porque lo que las masas trabajadoras en

---

31. C. Vann Woodward, *The Strange Career of Jim Crow* (La extraña carrera de Jim Crow; Londres: Oxford University Press, 1955, 2002).

32. W.E.B. DuBois, *Black Reconstruction in America 1860–1880* (La reconstrucción negra en América 1860–1880; Nueva York: The Free Press, 1935, 1998).

este país, negros y blancos, lograron en aquellos años es una de las grandes promesas de lo que pueden lograr los movimientos verdaderamente proletarios y populares de masas cuando el pueblo trabajador establece gobiernos que actúan a favor de los intereses de los explotados y oprimidos.

DIRIGENTES REVOLUCIONARIOS EN SUS PROPIAS PALABRAS

Habla Malcolm X

"Los imperialistas astutos saben que la única manera de hacerte correr voluntariamente hacia la zorra es mostrándote un lobo". En discursos y entrevistas, Malcolm X presenta una alternativa revolucionaria a esta trampa reformista, abordando las alianzas políticas, los derechos de la mujer, la intervención de Washington en el Congo y Vietnam, capitalismo y socialismo, y más. US$15. También en inglés.

Che Guevara habla a la juventud

Guevara desafía a los jóvenes de Cuba y del mundo a que trabajen. A que sean disciplinados. A que se sumen a la vanguardia de luchas tanto pequeñas como grandes. A que se conviertan en seres humanos diferentes al luchar junto a trabajadores de todas las tierras para transformar el mundo. US$12. También en inglés y griego.

Puerto Rico: La independencia es una necesidad

RAFAEL CANCEL MIRANDA

Este dirigente independentista puertorriqueño, uno de los cinco encarcelados por Washington por más de 25 años, hasta 1979, habla sobre la realidad brutal del coloniaje norteamericano, el ejemplo de la revolución socialista cubana y la lucha actual por la independencia. US$5. También en inglés y persa.

Nuestra historia aún se está escribiendo

La historia de tres generales cubano-chinos en la Revolución Cubana

ARMANDO CHOY, GUSTAVO CHUI
MOISÉS SÍO WONG
MARY-ALICE WATERS

"¿Cuál fue la principal medida en Cuba para eliminar la discriminación contra los chinos y los negros? Fue hacer la revolución socialista". Esta edición ampliada resalta la participación de los cubano-chinos en el curso revolucionario e internacionalista de Cuba, incluso en África y América Latina. US$15. También en inglés, francés, persa, griego y chino.

La revolución traicionada

¿Qué es y adónde va la Unión Soviética?

LEÓN TROTSKY

En 1917 los trabajadores y campesinos de Rusia hicieron una de las revoluciones más profundas de la historia. Sin embargo, al cabo de 10 años, una capa social privilegiada, cuyo principal vocero era José Stalin, ya consolidaba una contrarrevolución política. Un estudio clásico del estado obrero soviético y su degeneración. US$17. También en inglés, persa y griego.

Maurice Bishop Speaks

The Grenada Revolution and Its Overthrow, 1979–83

(Habla Maurice Bishop: La revolución granadina y su derrocamiento, 1979–83)

El triunfo de la revolución en 1979 en Granada tuvo "importancia para todas las luchas a nivel mundial", dijo Maurice Bishop, su dirigente central. En esta colección se pueden hallar lecciones valiosas de ese gobierno de trabajadores y agricultores, derrocado en un golpe de estado dirigido por estalinistas. En inglés. US$20

LA CUSTODIA DE LA NATURALEZA TAMBIÉN RECAE EN LA CLASE TRABAJADORA

EN DEFENSA DE LA TIERRA Y DEL TRABAJO

ZOE HARE

DAVID R. METRAUX

"Bajo las relaciones sociales capitalistas, la privación humana causada por hechos naturales impacta de formas notablemente diferentes a las diferentes clases sociales. En Nueva Orleans, tras el huracán Katrina en 2005, la vida o la muerte, una vivienda aún habitable o la diáspora forzada: unos pocos pies por encima o por debajo del nivel del mar marcaron la línea divisoria de clases".

Nueva Orleans, tres meses después de que azotara el huracán Katrina. **ARRIBA:** Distrito Jardín. **ABAJO:** el Noveno Distrito Bajo.

LA CUSTODIA DE LA NATURALEZA TAMBIÉN RECAE EN LA CLASE TRABAJADORA

En defensa de la tierra y del trabajo

Declaración del Partido Socialista de los Trabajadores

LA TRANSFORMACIÓN de la naturaleza por el trabajo es la fuente de toda riqueza, de todos los avances en productividad social, cultura y conservación. Es la base misma de la existencia continua de nuestra especie.

Al mismo tiempo, desde las primeras etapas de la sociedad dividida en clases, las clases propietarias han organizado el trabajo para beneficio de su lucro privado. Lo han hecho sin preocuparse de las consecuencias sociales de sus métodos. Los explotadores utilizan la mano de obra como bestia de carga desechable, mientras simultáneamente agotan el suelo, destruyen bosques mediante la tala y quema u otros métodos de cultivo, eliminan la

---

Esta declaración, redactada por Jack Barnes, Steve Clark y Mary-Alice Waters, fue debatida y aprobada por los delegados al congreso del Partido Socialista de los Trabajadores celebrado del 5 al 7 de julio de 2007 en Oberlin, Ohio, y luego debatida en una conferencia directiva de las Ligas Comunistas de varios países. La declaración ha sido editada con fines de publicación a la luz de esas discusiones. Es un complemento de "Nuestra política empieza con el mundo", por Jack Barnes, que se presenta en el número 7 de Nueva Internacional y a la que se hace referencia en esta declaración.

fauna mediante la caza y la pesca excesivas, y envenenan arroyos, lagunas y otros cuerpos de agua.

Así, en el transcurso de los milenios desde que surgió la propiedad privada, la relación entre el trabajo social y el medio ambiente natural ha estado marcada por los polos mutuamente contradictorios de la transformación y la destrucción. Ha sido, y continúa siendo, una relación determinada por contradicciones sociales, no por leyes naturales.

Desde el ascenso del capitalismo industrial a mediados del siglo XVIII, la productividad del trabajo social ha aumentado a paso acelerado, y con la consolidación del orden imperialista mundial a comienzos del siglo XX, el grado de enajenación del trabajo con la naturaleza y con sus propios frutos se ha vuelto más grande que nunca antes en la historia. A diario aumenta la importancia que tiene para los trabajadores y agricultores de la Tierra la erradicación de esa separación poniendo fin a la dictadura del capital.

LA CIENCIA Y LA TECNOLOGÍA —desarrolladas y utilizadas por el trabajo social— han establecido el conocimiento y los medios necesarios para reducir la carga y los peligros del trabajo, para elevar la calidad de vida y conservar y mejorar el patrimonio de la Tierra.

Hoy día es posible acabar de una vez por todas con las condiciones materiales, sociales y políticas que han arruinado la vida de incontables generaciones de esclavos, siervos, mano de obra en servidumbre de toda índole, campesinos, y trabajadores urbanos y rurales y sus familias.

Es posible acabar con la manera en que los trabajadores y agricultores que ya pasaron sus mejores años laborables son tratados como herramientas agotadas, cuyas demandas de alimentación, ropa, alojamiento y cuidado médico son una deducción lamentable de las ganancias.

Es posible acabar con las insostenibles obligaciones *privadas* impuestas a la familia individual para el bienestar de los jóvenes, los ancianos, los enfermos: todas las cuales son responsabilidades *sociales* que prestan tributo a la solidaridad humana.

Es posible acabar con las muertes, lesiones y enfermedades que resultan del sobretrabajo, el hambre, la falta de salubridad.

Es posible acabar con la matanza de cientos de millones debido a las guerras de conquista, el enriquecimiento y la dominación de las clases gobernantes.

Es posible acabar con la explotación en perenne expansión que el capital perpetra contra la naturaleza y el trabajo, con el precio devastador que les cobra al número siempre creciente de trabajadores en el mundo semicolonial que se ven incorporados al modo de producción capitalista.

Sin embargo, en el capitalismo —el último de los sistemas de propiedad explotadores en el mundo— este potencial liberador se convierte en lo opuesto. En tanto el trabajo sigue siendo un elemento inextricable de las operaciones despiadadamente adquisitivas, no planificadas y violentas del sistema de mercado, el aumento de la productividad reproduce simultáneamente *las relaciones sociales* de producción que corresponden específicamente al capitalismo: relaciones sociales que perpetúan la propia explotación y opresión de los trabajadores. Como resultado de la incesante competencia entre los capitalistas para maximizar las ganancias, el producto de la aplicación del trabajo termina por *empeorar* los peligros contra la vida y el bienestar físico de los trabajadores; *contaminar* el suelo, las aguas y los cielos; y *amenazar* la supervivencia misma de la civilización con la creciente probabilidad de que tarde o temprano se emplearán los arsenales masivos de armas y sistemas de lanzamiento nucleares.

Las relaciones sociales opresivas del capitalismo, al tiempo que van predominando en más y más regiones del planeta, también expanden más la apropiación y contaminación desenfrenada por parte de las clases propietarias de las "áreas comunales" que envuelven el planeta: su atmósfera. Esto es parte del precio que los trabajadores y agricultores siguen pagando por el inevitablemente creciente desorden mundial del imperialismo, caracterizado por descalabros sociales, crisis financieras, inflación implacable, contracciones del empleo de la tierra y del trabajo, reducciones del salario social, guerras que se propagan, la constricción de los derechos democráticos y el crecimiento de fuerzas bonapartistas derechistas así como fascistas.

La incesante "campaña de productividad" de los empleadores —es decir, la aceleración del ritmo de trabajo, las combinaciones de trabajos y otras medidas para "reducir costos"— crecientemente lesiona y mata a trabajadores en fábricas, minas y campos por todo Estados Unidos y a nivel mundial. En los países imperialistas de Norteamérica, Europa, Asia y Oceanía, la acrecentada exportación de capitales y la búsqueda perenne de nuevas fuentes de fuerza de trabajo de más bajo costo para explotar tanto al interior como al exterior del país van acompañadas de campañas racistas, nacionalistas y antiinmigrantes por parte de corrientes dentro y fuera de los partidos y gobiernos burgueses. A la vez, la competencia manufacturera de los capitalistas, alimentada por la ganancia e impulsada por la deflación, agrava los conflictos entre las potencias imperialistas dominantes, degrada las condiciones de vida y de trabajo de los trabajadores y agricultores en los países semicoloniales y acelera la expoliación del aire, el suelo, los ríos, los lagos y los mares del planeta.

LA PRIVACIÓN HUMANA causada por hechos naturales, incluyendo calamitosas "obras de dios", impacta de formas notablemente diferentes a las diferentes clases sociales bajo el capitalismo. Los efectos son desastrosos para el pueblo trabajador en las ciudades y el campo, y golpean con ferocidad excepcional a los trabajadores y agricultores de las naciones oprimidas de África, el Medio Oriente, Asia, Oceanía, América Latina y el Caribe.

El terremoto submarino y el tsunami en el Océano Índico a finales de 2004 causaron devastación por inundaciones más allá de la capacidad preventiva de los seres humanos. Pero no fueron el mar o los desplazamientos de las placas tectónicas de la Tierra los culpables de la muerte de más de 225 mil personas. ¡Eso no era inevitable! Fueron las prioridades de producción de los capitalistas junto con las condiciones sociales impuestas a las masas trabajadoras que viven en zonas costeras. Ya que siempre están en juego las tasas de ganancia, la explotación acelerada tiene prioridad sobre los sistemas de advertencia y rutas de evacuación.

No fue una oleada de calor la responsable en Francia, en agosto de 2003, de 15 mil muertes —¡15 mil!— en su mayoría de ancianos. Fueron las condiciones de vivienda, la pobreza, la inadecuada atención médica de urgencia y la indiferencia despiadada de un gobierno que representa a las clases acaudaladas, las cuales no tuvieron interés o deseos de interrumpir su mes anual de vacaciones.

Fueron la inmensa deforestación capitalista de Haití y las miserables condiciones de vivienda del pueblo trabajador las que causaron más de 2500 muertes y dejaron miles más sin vivienda ante los aludes de lodo y las inundaciones en 2004.

Tampoco los disturbios por alimentos que se han propagado en los primeros meses de 2008 —de Indonesia a Pakistán, Egipto, Haití y numerosos países de África subsahariana— tienen sus raíces en calamidades naturales. Ni siquiera la prensa del gran capital pretende que la razón sea primordialmente el mal tiempo. Con su desdeñosa arrogancia imperial, esta sostiene ¡que uno de los principales factores es que muchas más personas en China e India están comenzando a comer mejor!

PERO NO ES POR EL AUMENTO del consumo de carne que el precio mundial del arroz se disparó en más del 130 por ciento en 12 meses entre principios de 2007 y 2008. No es por eso que los precios del trigo casi se *cuadruplicaron* desde principios de 2006. No es por eso que el precio tanto del maíz como de la soja se ha *triplicado* desde 2006. La verdad es que sí se podría cultivar cantidades abundantes de alimentos —cereales, carne, frutas y vegetales— para brindar comidas nutritivas y costeables a todos los seres humanos del planeta y mucho más, *si* la agricultura, el procesamiento, la distribución y el comercio de alimentos no se organizara sobre la base de las ganancias, sino más bien la organizaran los productores asociados.

A principios de 2008, mientras cientos de millones intentaban sobrevivir con un puñado diario de arroz o maíz, los gigantescos comerciantes de mercancías alimentarias —a través de la Bolsa de Comercio de Chicago y otras grandes bolsas capitalistas— estaban acaparando reservas de maíz, trigo y soja equivalentes a la *mitad de las existencias en todos los silos de almacenamiento en Estados Unidos,* así como enormes abastecimientos mundiales de arroz. Incluso en Estados Unidos mismo —donde el promedio del consumo calórico diario es un *múltiplo* de los niveles en China, India y la mayor parte de Asia, Oceanía, África, América Latina y el Caribe— importantes empresas detallistas como Wal-Mart y Costco comenzaron a limitar la compra de arroz por cliente.

Esto no es acaparamiento preventivo con el fin de prepararse para épocas de sequía, inundaciones o hambruna. Es acaparamiento por el capital financiero para cosechar ganancias cuantiosas a expensas del trabajo y la miseria de miles de millones de trabajadores. Al mismo tiempo, los gigantescos consorcios mundiales de cereales y semillas cuyos dueños son familias estadounidenses y de otros países también están cosechando enormes superganancias: en el primer trimestre de 2008 las utilidades de la Monsanto subieron en 108 por ciento comparadas con las de un año antes; las de la Cargill, en un 86 por ciento; las de la Archer Daniels Midland, en un 42 por ciento; y las de la Bunge, en un 1 964 por ciento (sí, *20 veces más.* ¡No es una errata!).

Por último, el desastre social que siguió al huracán Katrina en 2005 —arrasando las zonas bajas de Nueva Orleans habitadas principalmente por trabajadores, en su mayoría negros, y en otras zonas de la Costa del Golfo— puso de relieve a nivel mundial los "valores" de las familias dominantes del imperialismo norteamericano y del estado que sirve a su clase. Los gobernantes adinerados sabían desde hace décadas que los diques de contención cederían cuando un huracán fuerte golpeara cerca de la ciudad, pero rehusaron tocar la plusvalía que exprimen de la mano de obra no remunerada de los trabajadores para reconstruir y reforzar los malecones. Los trabajadores a través de la región, a pesar de los actos de solidaridad que brindaron unos a otros durante toda la crisis, sufrieron las consecuencias mortíferas de las viviendas miserables; de la falta de protección por inundaciones, de transporte y de métodos de evacuación en casos de emergencia; y de la desmoralizante corrupción y brutalidad policiaca de muchos años tan endémica a la vida bajo las autoridades municipales.

A PESAR DE LAS PRETENSIONES sentimentales de los gobernantes de que están "reconstruyendo" Nueva Orleans, los trabajadores allí siguen aguantando lo peor de la avaricia e indiferencia capitalista hasta el día de hoy. La vida o la muerte, una vivienda aún habitable o la diáspora forzada: unos pocos pies por encima o por debajo del nivel del mar marcaron la línea divisoria de clases.

Mucho después de que se complete la "Torre de la Libertad" para remplazar el World Trade Center, mucho después de que las armazones de hormigón y acero del 11 de septiembre sean una memoria lejana, mucho después de que estén cobrado nuevos alquileres masivos en todo el Bajo Manhattan, Nueva Orleans aún no habrá sido "reconstruida".[1] No bajo el capitalismo. Nunca más

1. Cuando se preparaba este número para la imprenta en los primeros meses de 2008 —dos años y medio después de la catástrofe— se calculaba que la población de Nueva Orleans se mantenía a un 35 por ciento menos de lo que había sido en julio de 2005; había unos 100 mil empleos menos; barrios enteros todavía parecían paisajes lunares, con alquileres casi 50 por ciento más altos, como promedio, que antes de la tormenta; casi 15 mil familias todavía vivían en casas móviles deterioradas de la agencia federal para emergencias; solo funcionaba el 19 por

la ciudad que conocimos.

La marisma llamada Nueva Orleans ilustra el futuro que la "libre empresa" nos depara a los trabajadores y agricultores.

A finales de 2006 varios diarios publicaron esquelas sobre un conocido geógrafo estadounidense llamado Gilbert White. "Las inundaciones son 'obra de dios'", había escrito White en 1942, "pero las pérdidas por inundaciones son en gran parte obras del hombre". Las investigaciones de White documentaron el hecho que en la mayor parte del mundo las capas más pobres de las poblaciones rural y urbana viven en las llanuras de inundación o sus inmediaciones, ya sea para subsistir o porque las zonas más protegidas están reservadas para las clases propietarias.

"En vez de simplemente construir embalses, diques y otros controles que en realidad pueden fomentar el desarrollo en zonas vulnerables, la sociedad debería reducir los riesgos tomando medidas como desalentar tal desarrollo", decía uno de los reportajes, parafraseando a White. Continuó señalando: " 'El problema fundamental es cómo hacer que la gente se vaya de la llanura de inundación', dijo. 'Y después de tantos años, aquí estamos con Katrina' ".

"Tal vez pudiéramos concebir un nuevo tipo de ejército", había dicho White en su artículo de 1942, una fuerza global "por la paz, compuesta de jóvenes reclutados y en-

---

ciento de los autobuses públicos pre-Katrina; solo tres de los siete hospitales generales habían vuelto a abrir; casi el 40 por ciento de las escuelas públicas y el 60 por ciento de las guarderías infantiles pre-Katrina permanecían cerradas; y no se había restaurado ni un solo edificio de la única universidad pública negra de la ciudad.

trenados bajo una dirección internacional para la tarea de construir comunidades sanas y prósperas".

Una propuesta encomiable. Una propuesta digna de la siguiente respuesta, parafraseando a Ernesto Che Guevara: *Para tener un ejército de reconstructores revolucionarios, primero hay que hacer una revolución.*[2] Para forjar un "nuevo tipo de ejército" de "jóvenes reclutados y entrenados para la tarea de construir comunidades sanas y prósperas", el pueblo trabajador primero debe poseer el espíritu, ardor, disciplina y voluntad de revolucionario que se conquistan únicamente en el transcurso de una lucha exitosa por el poder. Sin la victoria de la Revolución Cubana en 1959, por ejemplo, habría sido inconcebible la campaña de masas que movilizó el entusiasmo y las capacidades de más de 100 mil jóvenes en 1961 y eliminó el analfabetismo en un solo año, transformando así a esa generación de jóvenes.

Mientras la extracción de plusvalía en la competencia belicosa por ganancias dicte la producción y distribución de la riqueza, la tierra seguirá siendo propiedad privada y se construirán las viviendas de alquiler para la mayoría trabajadora donde las clases acaudaladas no quieran vivir. Se construirán donde los trabajadores puedan "costear" el alquiler, incluso a menudo en llanuras de inundación.

Solo el liderazgo de un gobierno de trabajadores y agricultores, conquistado en una lucha revolucionaria, puede dirigir al pueblo trabajador a siquiera *contemplar* hacer

---

2. En agosto de 1960 Ernesto Che Guevara, dirigente de la Revolución Cubana nacido en Argentina y originalmente médico, dijo ante un grupo de jóvenes estudiantes de medicina y trabajadores de la salud en La Habana que "para ser médico revolucionario… lo primero que hay que tener es revolución". En *Che Guevara habla a la juventud* (Pathfinder, 2000), pág. 55.

frente a las vastas patologías mundiales del capitalismo, ni hablar de aplicar su creatividad, energía, disciplina y solidaridad para curarlas.

La transformación de la naturaleza por el trabajo

El sistema capitalista y las familias propietarias que se benefician de él, tanto en los centros imperialistas como en los países semicoloniales, inevitablemente continuarán asolando a la humanidad y el planeta que habitamos. Esto no se puede frenar sin arrancar de raíz al capitalismo mismo. Explicar esto es parte del proceso de preparar a la clase trabajadora y su vanguardia para avanzar con determinación por la línea de marcha histórica hacia la dictadura del proletariado y la lucha mundial por el socialismo. Los trabajadores tenemos que convencer a nuestros aliados entre los productores, a los jóvenes atraídos a las luchas obreras, y a la inmensa mayoría de la humanidad sin propiedad a que se comprometan sin reserva con esa línea de marcha.

El movimiento obrero comunista moderno, desde que nació a mediados del siglo XIX, ha reconocido que la transformación de la naturaleza por el trabajo social es la fuente de toda la riqueza material y de la posibilidad del progreso humano. Todo valor de uso —todo artículo creado para alimentar, vestir, abrigar, educar, entretener o satisfacer otras necesidades humanas— es producto de esta continua relación entre la tierra y el trabajo. El trabajo por sí solo "no es la fuente única… de la riqueza material", escribió Marx en 1867. "El trabajo es el padre" de la riqueza material "y la tierra, su madre".[3] Cuando se niega esta realidad, señaló varios años después, se termi-

3. Carlos Marx, *El capital* (México: Siglo XXI Editores, 1975), tomo I, vol. 1, pág. 53.

na por "atribuir al trabajo una *fuerza creadora sobrenatural*" que es falsa.[4]

Toda producción social para satisfacer las necesidades humanas, toda actividad económica, desde los propios albores de la sociedad, se basa en este fundamento. Sin embargo, el modo *capitalista* de producción dominante durante los últimos siglos asume determinadas formas y ritmos históricos reglamentados, con consecuencias desastrosas para los propios productores de la riqueza. En el capitalismo, ni la naturaleza, las herramientas o la maquinaria, ni la ciencia, el conocimiento, o la técnica aumentan *directamente* el valor creado por los trabajadores y apropiado por la clase explotadora. La acumulación de valores se incrementa solo con la *transformación* de la tierra y de otros recursos naturales por el trabajo humano, el *uso* de las herramientas y máquinas por los trabajadores, la *aplicación* de la ciencia, el conocimiento y la tecnología por el pueblo trabajador.

El capital, al incorporarse las dos fuentes originarias de la riqueza —la fuerza de trabajo y la tierra—, observó Marx, "adquiere una fuerza expansiva que le permite extender los elementos de su acumulación más allá de los límites aparentemente fijados por su propia magnitud".[5] En efecto, el capital se ve *forzado* a extender su alcance sobre la naturaleza y el trabajo por la competencia a muerte del propio sistema y por la resistencia feroz de los trabajadores engendrada por esta explotación. En apenas unos siglos, el capitalismo —germinado inicialmente en unas pocas regiones de Europa— ha empleado esa "fuerza de expansión", reforzada por el poderío

4. "Crítica del Programa de Gotha" (1875) en Marx y Engels, *Obras escogidas* (Moscú: Editorial Progreso, 1974), tomo III, pág. 9.

5. Marx, *El capital*, tomo I, vol. 2 (1845), pág. 747.

militar, no solo para abarcar a la inmensa mayoría del planeta sino para contaminar sus tierras, mares y atmósfera y proyectar el dominio armado del capital financiero hasta el espacio.

LA VELOCIDAD CADA VEZ MAYOR y la incesante ampliación de los medios de comunicación atan a los trabajadores y agricultores del mundo entero más y más a un mercado global único. Pescadores en aldeas costeñas remotas de India hoy usan teléfonos celulares a fin de encontrar los mejores precios para su pesca en los mercados costeros. Sin embargo, en vez de reducirse sus labores, el ritmo y la duración de su trabajo aumentan, a medida que prolongan su jornada para navegar hacia los puertos donde puedan obtener el mayor rendimiento. Barreras tradicionales, que retardan la formación de precios y tasas de ganancia uniformes en muchas naciones oprimidas, están siendo disueltas por el ácido universal del capital.

La vida y el sustento de los trabajadores y agricultores se hacen más vulnerables a las oscilaciones de precios, a la aceleración del ritmo de trabajo, a la prolongación de la jornada laboral. Más vulnerables a los altibajos del ciclo comercial capitalista y a las consecuencias fatales de las repentinas crisis bancarias y financieras internacionales, que parecen tan lejanas y con tan poco que ver con la vida del pueblo trabajador.

Siendo demócratas revolucionarios, aún a mediados de sus 20 años, Carlos Marx y Federico Engels ya buscaban entender las consecuencias devastadoras para la humanidad de la incesante compulsión de los capitalistas para acortar el tiempo de rotación del capital y con ese fin intensificar el trabajo. Se llega inevitablemente a un momento en el desarrollo capitalista, escribieron en 1846, cuando se engendran fuerzas productivas que "no son ya tales fuerzas productivas sino más bien fuerzas destructivas".[6]

Dos años antes, el joven Engels observó, "Hacer de la tierra un objeto de buhonería —la tierra que es de todos nosotros, la primera condición de nuestra existencia— fue el último paso para volverse uno mismo un objeto de buhonería". Y al describir las condiciones que presenció en 1844 durante un viaje a Manchester —entonces "la segunda ciudad de Inglaterra" y "la primera ciudad industrial del mundo"— Engels señaló que "la inmundicia, el empobrecimiento y la inhabitabilidad, las afrentas de toda consideración a la limpieza, a la ventilación y a la salud... Todo lo que suscita nuestro horror e indignación es de origen reciente, pertenece a la *época industrial*".[7]

En 1847, trabajadores alemanes en una sociedad revolucionaria secreta europea, la Liga de los Justos, reclutaron a Marx y Engels. Pronto se fundó la primera organización obrera revolucionaria moderna del mundo, la Liga de los Comunistas, la cual puso fin a sus métodos conspirativos, proclamó abiertamente su existencia y sus metas, y públicamente solicitó nuevos miembros en apoyo activo a esos objetivos. Para entonces Marx y Engels habían empezado a fundamentar su escrutinio intransi-

---

6. Marx y Engels, *La ideología alemana* (1845), en *Obras escogidas*, (Moscú: Editorial Progreso, 1973), tomo I, p. 37.

7. Engels, "Outlines of a Critique of Political Economy" (Bosquejos de una crítica de la economía política; 1844), *Collected Works* (obras completas de Marx y Engels en inglés), tomo 3, pág. 429. *La situación de la clase obrera en Inglaterra* (1845), (Madrid: AKAL Editor, 1976), págs. 85–86.

AFP / GETTY IMAGES

AP / WIDE WORLD PHOTOS

NATIONAL GEOGRAPHIC

El capitalismo, observó Marx, fomenta el crecimiento de la riqueza de la humanidad solo "socavando, al mismo tiempo, los dos manantiales de toda riqueza: la tierra y el trabajador".

ARRIBA: Gonaïves, Haití, septiembre de 2004, luego de tormenta tropical Jeanne que azotó la isla. Más de un siglo de deforestación capitalista y erosión del suelo magnificó los aludes de lodo e inundaciones, matando a más de 2 500 personas. **ABAJO**: Efectos de la explotación imperialista se observan en foto aérea de la frontera entre el suelo haitiano sin árboles (izquierda) y la zona boscosa de República Dominicana (derecha). **CENTRO:** Doce trabajadores murieron en una explosión en enero de 2008 en la refinería azucarera Imperial Sugar Co. en Port Wentworth, Georgia. El capital, escribió Marx, "no tiene en cuenta la salud, la duración de la vida del obrero".

AP / WIDE WORLD PHOTOS

GETTY IMAGES

"Las escaseces y el alza vertiginosa de los precios de granos no se deben a 'calamidades naturales'. El acaparamiento de mercancías por parte de comerciantes internacionales significa que el capital financiero cosecha ganancias cuantiosas a expensas del trabajo y la miseria de miles de millones de trabajadores".

ARRIBA: Malhalla, Egipto, abril de 2008. Policía antimotines agrede a manifestantes que protestan contra alzas de precios y escaseces de alimentos. **ABAJO:** Corredores de mercancías pujan por precios de soja en la Bolsa de Comercio de Chicago, marzo de 2008. Los precios se habían triplicado desde 2006.

gente de los males irreformables del capitalismo sobre una base científica y materialista, a presentarlo de manera práctica desde la óptica de impulsar la trayectoria histórica de la clase trabajadora hacia la conquista revolucionaria del poder político.

"La burguesía, a lo largo de su dominio de clase, que cuenta apenas con un siglo de existencia, ha creado fuerzas productivas más abundantes y más grandiosas que todas las generaciones pasadas juntas", escribieron en 1848 en el programa de fundación de la Liga Comunista, un documento pronto conocido mundialmente como el Manifiesto Comunista. "El sometimiento de las fuerzas de la naturaleza, el empleo de las máquinas, la aplicación de la química a la industria y a la agricultura, la navegación de vapor, el ferrocarril, el telégrafo eléctrico, la asimilación para el cultivo de continentes enteros, la apertura de los ríos a la navegación, poblaciones enteras surgiendo por encanto, como si salieran de la tierra. ¿Cuál de los siglos pasados pudo sospechar siquiera que semejantes fuerzas productivas dormitasen en el seno del trabajo social?"

¿Y qué sociedad anterior podría haber tenido una sospecha siquiera de las consecuencias destructivas del capitalismo para la tierra, el cuerpo humano y la solidaridad del trabajo social?

El Manifiesto, al presentar 10 medidas iniciales de un gobierno de trabajadores en países capitalistas —"el proletariado organizado como clase dominante"— situó al comienzo de la lista la "abolición de la propiedad de la tierra" (incluidos los mares, las vías fluviales, la atmósfera y podemos añadir los cielos y el espacio mismo). El programa planteaba la "multiplicación de las empresas fabriles e instrumentos de producción pertenecientes al estado; roturación de los terrenos incultos y mejoramiento de las tierras en general según un plan común", así como la "combinación de la agricultura con la industria; desaparición gradual de las diferencias entre el campo y la ciudad, mediante una distribución más uniforme de la población por el país".[8]

En las décadas posteriores, Marx y Engels, quienes más y más llegaron a ser los dirigentes centrales del movimiento obrero revolucionario, repetidamente explicaron el matrimonio indisoluble de la explotación del trabajo y de la naturaleza, impulsada por el afán de ganancias del capitalismo: en su correspondencia, sus artículos y discursos populares, escritos políticos y críticas de la economía política burguesa y en resoluciones de la Asociación Internacional de Trabajadores. Ante todo, propusieron un programa y una estrategia para la clase trabajadora y sus organizaciones, a fin de luchar por una vía hacia el poder político, para combatir este despojo. La vanguardia con conciencia de clase del movimiento obrero, explicaban, debe poner por escrito y guiarse por el historial acumulativo de las lecciones de las luchas que resultan en pasos de avance contra la expoliación de la naturaleza por el capital y las indignidades e innumerables formas de explotación que deforman la vida de la clase trabajadora.

El capitalismo, observó Marx en 1867, fomenta el crecimiento de la riqueza de la humanidad solo "socavando, al mismo tiempo, los dos manantiales de toda riqueza: la tierra y el trabajador". Las fábricas se convierten en el escenario del "robo sistemático en perjuicio de las condiciones vitales del obrero durante el trabajo, robo de espacio, aire, luz y de medios personales de protección

---

8. Marx y Engels, *El manifiesto comunista* (Pathfinder, 1992), págs. 165–66.

contra las circunstancias del proceso de producción [que son] peligrosas para la vida o insalubres". En cuanto a la agricultura capitalista, dijo, "al igual que en la industria urbana, la fuerza productiva acrecentada y la mayor movilización del trabajo en la agricultura moderna, se obtienen devastando y extenuando la fuerza de trabajo misma". Dicho avance "no es solo un progreso en el arte de esquilmar al obrero, sino a la vez en el arte de esquilmar el suelo".[9]

EL CAPITAL, ESCRIBIÓ MARX, "no tiene en cuenta la salud, la duración de la vida del obrero, salvo cuando la sociedad lo obliga a tomarlas en consideración",[10] es decir, lo obliga mediante luchas sindicales y sobre todo la acción política obrera independiente. Tanto en Inglaterra como en cualquier otro país, dijo, la limitación de la jornada de trabajo "nunca se ha reglamentado sino por *injerencia de la ley*. Sin la constante presión de los obreros desde fuera, la ley jamás habría intervenido. En todo caso, este resultado no podía alcanzarse mediante convenios privados entre los obreros y los capitalistas", mediante lo que hoy se llama la negociación colectiva entre el patrón y los trabajadores o su sindicato. "Esta necesidad de una *acción política general*", recalcó Marx, "demuestra que, en el terreno puramente económico de lucha, el capital es la parte más fuerte".[11]

El trabajo, explicó Marx, es "un proceso entre el hom-

9. Marx, *El capital*, tomo I, vol. 2, págs. 520, 612.

10. Marx, *El capital*, tomo I, vol. 1, pág. 325.

11. Marx, *Valor, precio y ganancia* (1865), en *Obras escogidas* (Moscú: Editorial Progreso, 1976), tomo II, pág. 73.

bre y la naturaleza". Los seres humanos, quienes también somos "un poder natural", ponemos en marcha "brazos y piernas, cabeza y manos" a fin de transformar la naturaleza. El trabajador, al "operar... sobre la naturaleza exterior a él y transformarla, transforma a la vez su propia naturaleza".[12] (Ya que los "hombres cambiados" son producto de circunstancias cambiadas, había escrito Marx 20 años antes, y ya que "son los hombres, precisamente, los que hacen que cambien las circunstancias", se deriva que "el propio educador necesita ser educado").[13]

EN EL CAPITALISMO, señaló Marx, el trabajo —*una relación social entre seres humanos* que, mediante nuestra transformación de la naturaleza, crea la totalidad del valor— aparece como una *relación entre cosas*, una relación monetaria entre mercancías —objetos— que se compran y se venden en el mercado. Marx se refería a esto como el fetichismo de las mercancías y del capital.[14]

De hecho, el propio acto del trabajo se mercantiliza en el capitalismo: para sobrevivir los trabajadores tenemos

12. *El capital* (1867), tomo I, vol. 1, págs. 215–16.

13. Marx, "Tesis sobre Feuerbach" (1845), *Obras escogidas*, tomo I, pág. 8.

14. "Lo misterioso de la forma mercantil consiste sencillamente... en que la misma refleja ante los hombres el carácter social de su propio trabajo como caracteres objetivos a los productos del trabajo... Lo que aquí adopta, para los hombres, la forma fantasmagórica de una relación entre cosas, es solo la relación social determinada existente entre aquellos... A esto llamo el fetichismo que se adhiere a los productos del trabajo no bien se los produce como mercancías, y que es inseparable de la producción mercantil". (*El capital*, tomo I, vol. 1, págs. 87–89).

que vender nuestra capacidad de realizar trabajo productivo —nuestra fuerza para trabajar— a un patrón o a un intermediario en el "mercado laboral" a cambio de un salario. En vez de aplicar trabajo para transformar la naturaleza a fin de *producir bienes útiles para satisfacer necesidades sociales* de la población, las familias propietarias y los recaudadores de rentas consumen fuerza de trabajo y materia prima para producir bienes con el fin de *comprar y vender mercancías sacando ganancias* para sí mismos. El hecho que estos productos, en uno u otro grado, satisfacen una necesidad social tiene relevancia para la clase patronal solo en la medida que permita que estos bienes sean comerciados por una ganancia monetaria. Marx señala que el capitalismo —la producción y reproducción de relaciones sociales que requieren la explotación y opresión del trabajo asalariado— *crea* y *define* lo que entonces se perciben como "necesidades sociales".[15]

---

15. Marx escribe que "una vez se ha asegurado la satisfacción de cierta esfera de necesidades, se liberan, se crean, *nuevas necesidades*. Por tanto, cuando el capital empuja el tiempo de trabajo más allá del nivel establecido para la satisfacción de las necesidades naturales del trabajador, impele una mayor división del trabajo social —el trabajo de la sociedad en su conjunto—, una mayor diversidad de producción, una extensión de la esfera de las necesidades sociales y de los medios para su satisfacción, y por tanto también impele el desarrollo de la capacidad productiva humana y por consiguiente la activación de las disposiciones humanas en direcciones nuevas". En Marx, *Economic Manuscript of 1861–63* (Manuscrito económico de 1861–63), *Collected Works* (Obras completas de Marx y Engels en inglés), tomo 30, pág. 199.

Esta es la fuente del sinnúmero de formas de anuncios comerciales y promociones que inundan nuestra vida en el capitalismo. Su desarrollo es imparable mientras predominen las relaciones capitalistas de producción. El modo capitalista de producción re-

'Efectos no anticipados' del capital

Engels destacó las consecuencias no anticipadas, incontroladas e imprevistas que son inherentes a la producción para el lucro privado, en su borrador de artículo de 1876, "El papel del trabajo en la transición del simio en hombre". En este resumen conciso de la interconexión inextricable entre la naturaleza y el trabajo, Engels escribió:

> Lo único que pueden hacer los animales es *utilizar* la naturaleza exterior y modificarla por el mero hecho de su presencia en ella. El hombre, en cambio, modifica su naturaleza y la obliga así a servirle, la *domina*. Y esta es, en última instancia, la diferencia esencial entre el hombre y los demás animales, diferencia que, una vez más, viene a ser efecto del trabajo.
>
> Sin embargo, no nos adulemos excesivamente por nuestras victorias humanas sobre la naturaleza. Después de cada una de estas victorias, la naturaleza toma su venganza. Bien es verdad que las primeras consecuencias de estas victorias son las previstas por nosotros, pero en segundo y en tercer lugar aparecen consecuencias muy distintas, imprevistas y que, a menudo, anulan las primeras...
>
> Cuando en Cuba los plantadores españoles quemaban los bosques en las laderas de las montañas para obtener con la ceniza un abono que solo les alcanzaba para fertilizar *una* generación de cafetos de alto rendimiento, ¡poco les importaba que las lluvias torrenciales de los trópicos barriesen la capa vegetal del suelo, privada de la protección

---

cesita la proliferación acelerada de la publicidad comercial tanto como de los demás resultados de la ley del valor del trabajo.

> de los árboles, y no dejasen tras sí más que rocas desnudas! Con el actual modo de producción, y por lo que respecta tanto a las consecuencias naturales como a las consecuencias sociales de los actos realizados por los hombres, lo que interesa preferentemente son solo los primeros resultados, los más palpables. Y luego hasta se manifiesta extrañeza de que las consecuencias remotas de las acciones que perseguían esos fines resulten ser muy distintas y, en la mayoría de los casos, hasta diametralmente opuestas.[16]

Como en todos los escritos y las actividades de Marx y Engels, este artículo hacía más que analizar la relación entre la tierra, el trabajo y el capital. *De lo que se trata*, escribió Engels, es *cambiar* esas relaciones:

> Así, a cada paso, los hechos nos recuerdan que nuestro dominio sobre la naturaleza no se parece en nada al dominio de un conquistador sobre el pueblo conquistado, que no es el dominio de alguien situado fuera de la naturaleza, sino que nosotros, por nuestra carne, nuestra sangre y nuestro cerebro, pertenecemos a la naturaleza, nos encontramos en su seno, y todo nuestro dominio sobre ella consiste en que, a diferencia de los demás seres, somos capaces de conocer sus leyes y de aplicarlas adecuadamente…
>
> Aprovechando una experiencia larga, y a veces cruel, confrontando y analizando los materiales proporcionados por la historia, vamos aprendiendo

16. Engels, "El papel del trabajo en la transformación del simio en hombre", en Marx y Engels, *Obras escogidas*, tomo III, págs. 75–79.

> poco a poco a conocer las consecuencias sociales indirectas y más remotas de nuestros actos en la producción, lo que nos permite extender también a estas consecuencias nuestro dominio y nuestro control.
>
> Sin embargo, para llevar a cabo este control se requiere de algo más que el simple conocimiento. Hace falta una revolución que transforme por completo el modo de producción existente hasta hoy día y, con él, el orden social vigente.[17]

En un discurso ofrecido en 1856 en un banquete en Londres que celebraba el cuarto aniversario del *People's Paper*, un semanario obrero, Marx señaló que a pesar de las "fuerzas industriales y científicas, de cuya existencia no hubiese podido sospechar siquiera ninguna de las épocas históricas precedentes", con el ascenso de las relaciones sociales capitalistas "todo parece llevar en su seno su propia contradicción".

> Las máquinas, dotadas de la propiedad maravillosa de acortar y hacer más fructífero el trabajo humano, provocan el hambre y el agotamiento del trabajador. Las fuentes de riqueza recién descubiertas se convierten, por arte de un extraño maleficio, en fuentes de privaciones... El dominio del hombre sobre la naturaleza es cada vez mayor; pero, al mismo tiempo, el hombre se convierte en esclavo de otros hombres o de su propia infamia. Hasta la pura luz de la ciencia parece no poder brillar más que sobre el fondo tenebroso de la ignorancia. Todos nuestros

17. Marx y Engels, *Obras escogidas*, tomo III, págs. 76, 77.

inventos y progresos parecen dotar de vida intelectual a las fuerzas materiales, mientras que reducen la vida humana al nivel de una fuerza material bruta. Este antagonismo entre la industria moderna y la ciencia, por un lado, y la miseria y la decadencia por otro lado; este antagonismo entre las fuerzas productivas y las relaciones sociales de nuestra época es un hecho, palpable, abrumador e incontrovertible.

Unos partidos pueden lamentar este hecho; otros pueden querer deshacerse de las artes modernas, a fin de deshacerse de los conflictos modernos...

Por lo que a nosotros se refiere, no nos engañamos respecto a la naturaleza de ese espíritu maligno que sigue marcando todas estas contradicciones. Sabemos que para funcionar bien las nuevas fuerzas de la sociedad, ellas solo desean ser controladas por hombres nuevos, y que tales hombres nuevos son los obreros. Ellos son igualmente un invento de la época moderna, como las propias máquinas... Y no serán, naturalmente, los últimos en contribuir a la revolución social producida por esa industria, revolución que significa la emancipación de su propia clase en todo el mundo..."[18]

Nuestra política empieza con el mundo

Un siglo y medio después, esos hombres y mujeres "nuevos" —la clase trabajadora internacional, cuyas filas y cuyo peso social están creciendo en todos los continentes

18. Marx, "Discurso pronunciado en la fiesta del aniversario del *People's Paper* (1856) en *Obras escogidas*, tomo I, págs. 513–14.

y todos los países— siguen siendo la única fuerza social capaz de resolver las crisis que produce el capitalismo. El trabajo de organizarse para conquistar su emancipación "por todo el mundo" ofrece la única vía para quienes están empeñados en combatir la degradación de la naturaleza y del trabajo por el capitalismo.

"¡Trabajadores de todos los países, uníos!"... darle contenido a ese llamado es posible únicamente a medida que confluyan cada vez más las condiciones económicas, sociales y culturales de los trabajadores y agricultores. Miles de millones de seres humanos en todo el mundo siguen condenados por la dominación imperialista y la explotación capitalista a vivir con una insuficiencia deplorable de alimentos, electrificación, agua potable, servicios sanitarios, vivienda, ropa, transporte y educación, a la vez que se les niega acceso a medios fácilmente disponibles para prevenir y curar enfermedades transmisibles. Como se subraya en "Nuestra política empieza con el mundo", un informe de Jack Barnes aprobado por el congreso del Partido Socialista de los Trabajadores en 2001, V.I. Lenin y el Partido Bolchevique bajo su dirección comprendieron hace 90 años que la solidaridad y colaboración política internacional podían impulsarse únicamente

> si más y más trabajadores por todo el planeta asumían un papel activo en la vida social y política y de esta manera podían reconocer como hermanos y hermanas, no simplemente como "los otros", a los trabajadores que realizaban dicha actividad social en otros países... Al inicio del siglo XXI, estas cuestiones, y otras parecidas, siguen siendo esenciales para la construcción de partidos proletarios y de un movimiento comunista mundial. Siguen siendo fundamentales para las

> posibilidades de una colaboración política concreta y de actividades conjuntas por parte del pueblo trabajador en la batalla por la liberación nacional y el socialismo...
>
> Los marxistas partimos de la capacidad histórica demostrada por los seres humanos de transformar la naturaleza, de elevar la productividad del trabajo social y de fomentar el acceso de más y más de los trabajadores y agricultores del mundo a la civilización y a la cultura.[19]

Cómo se organiza el trabajo social para transformar la naturaleza —en beneficio de quién, con qué fines sociales y económicos— depende de las relaciones de clases de la producción. Depende de qué clase gobierna, qué clase detenta el poder estatal. Una charla ofrecida en 1993 por Jack Barnes, publicada en *El desorden mundial del capitalismo*, abordó este punto fundamental. "La contaminación ambiental es una cuestión social, es una cuestión de clase", observó Barnes.

> Los trabajadores no deben tragarse el argumento común —es decir, el argumento burgués— de que el medio ambiente... es una cuestión "científica", una cuestión "natural", que de alguna manera flota por encima de las clases y está al margen de la lucha de clases. Es así como muchos en la clase media que se oponen a la energía nuclear y a las armas nucleares, por ejemplo, a menudo presentan estos asuntos. Muchos de los llamados ambientalistas dicen que

19. Jack Barnes, "Nuestra política empieza con el mundo", en el número 7 de *Nueva Internacional*, págs. 19–20, 37.

el problema es el "consumismo", o el desarrollo industrial por sí mismo. Pero el movimiento obrero tiene que explicar el origen de la destrucción ecológica y por qué la respuesta es parte de la línea de marcha revolucionaria de la clase trabajadora…

La clase obrera también debe rechazar todas las formas de ciencias falsas, exageraciones, catastrofismo y excentricismos. Ya existe una larga historia de tales profecías frenéticas: el agotamiento inminente de los combustibles orgánicos y otros recursos naturales, los "límites del desarrollo", y otras más. Estas se originan en sectores de la burguesía, y las adoptan y las propagan los reformistas pequeñoburgueses. Se introducen en las panaceas sobre conspiraciones que terminan circulando en la clase obrera y el movimiento sindical, para desviar la atención de los obreros de la verdadera causa de tales males sociales: los capitalistas y su sistema de ganancias…

[S]i traducimos todo lo que comúnmente se considera como cuestión ambiental en algo que plantee cómo avanzar en la protección de la clase trabajadora, y cómo la clase trabajadora puede extender esa protección a todos los demás, entonces difícilmente vamos a errar. Con ese método aumentaremos las posibilidades para una solidaridad concreta en las luchas contra el abuso y los ultrajes ecológicos.

El movimiento obrero debe divulgar los efectos diferenciados de la contaminación sobre la clase trabajadora, incluidas las consecuencias más devastadoras aún para ciertos sectores de la clase trabajadora que son los más pobres y más vulnerables, como los negros, los latinos o los nacidos en el exterior… El movimiento obrero

> debe asumir el liderazgo denunciando activamente la destrucción y los peligros producidos por el capitalismo y organizando oposición contra ellos.

Esta trayectoria comunista, concluye Barnes, nos permite explicar cómo "las fuentes de toda la riqueza —la tierra y el trabajo— son cada vez más las víctimas de la dominación del capital. Y, lo más importante, por qué la lucha dirigida por la clase obrera por una revolución socialista abre el camino para poder avanzar también en este frente".[20]

Como concluye el general cubano Armando Choy en *Nuestra historia aún se está escribiendo*, "Un mundo mejor sí es posible. Pero solo con una revolución socialista".[21]

Las leyes del capital, incitación burguesa al pánico, inseguridad proletaria

A mediados del siglo XIX, un 85 por ciento de la energía para el uso humano se producía quemando madera, carbón y residuos de cosechas. Hoy un 85 por ciento de los suministros energéticos se deriva de los hidrocarburos: principalmente carbón, petróleo y gas natural. La producción y el uso de estos recursos en pos de ganancias siempre ha resultado dañino, no solo para la salud de los trabajadores afectados sino simultáneamente para el medio ambiente natural en que vivimos y trabajamos.

Una transición a otras fuentes de energía no puede ser ni será fácil ni rápida. Las leyes "perro-come-perro" de los rivales capitalistas aseguran que toda "política ener-

---

20. Jack Barnes, *El desorden mundial del capitalismo* (Pathfinder, 2000), págs. 370–75.

21. Armando Choy, Gustavo Chui y Moisés Sío Wong, *Nuestra historia aún se está escribiendo* (Pathfinder 2005), pág. 192.

gética" aplicada por las corporaciones y los gobiernos burgueses servirá los intereses del mantenimiento del régimen capitalista, no las necesidades económicas, sociales y culturales de la población del planeta, ni la salud y seguridad de los trabajadores afectados. Los comunistas nos oponemos a las "soluciones" antiobreras promovidas por el gran capital y por diversos reformistas burgueses y pequeñoburgueses. Denunciamos y rebatimos sus conceptos reaccionarios, por ejemplo, de que una población "excesiva" de trabajadores y agricultores —así como un consumo excesivo y niveles de vida demasiado elevados para muchos de ellos— representa una amenaza a un mundo "habitable".

Los gobernantes capitalistas advierten a los trabajadores y agricultores de todo el mundo semicolonial que deben privarse del nivel de desarrollo económico y de vida existente en los países imperialistas: desarrollo logrado en gran medida por la superexplotación de las masas trabajadoras y el saqueo de los recursos de estos mismos pueblos oprimidos. "¡Las consecuencias ecológicas son insostenibles!", les increpan a los trabajadores impacientes. Esta es otra cortina de humo que el capital financiero usa para ocultar las causas de la brecha creciente en las condiciones económicas, sociales y culturales entre la gran mayoría trabajadora del mundo, por un lado, y, por el otro, la burguesía y las clases medias profesionales en los centros imperialistas y países semicoloniales económicamente más avanzados.

En Estados Unidos y otros países imperialistas, los políticos y otras voces burguesas le dicen al pueblo trabajador que "nosotros" debemos "apretarnos" el cinturón para detener la destrucción ambiental. Nos dicen que "nosotros" debemos aceptar precios más altos por el combustible y otras necesidades, incluidos los regresivos "impuestos al carbono" sobre la gasolina, el combustible de calefacción doméstica y viajes comerciales. "Nosotros" debemos reciclar, apagar las luces, bajar el termostato, privarnos del aire condicionado, andar en bicicleta, cambiar el cabezal de nuestra ducha, viajar en *car pool* (auto compartido), hacer correr menos agua en el inodoro, sembrar un árbol.

PERO NO EXISTE TAL "NOSOTROS" que abarque tanto a las masas trabajadoras como a los que se hacen ricos de la explotación de nuestro trabajo: las familias dominantes y sus rentistas zagueros entre la clase media y los profesionales. Dichas "soluciones" no solo culpan erróneamente a los individuos y a las familias y promueven la venta de productos y servicios "verdes" y "orgánicos" a precios elevados. Ante todo, se enmarcan en la campaña de los gobernantes capitalistas para aumentar sus tasas de ganancia a expensas de las condiciones de trabajo, los salarios, las condiciones de vida, la solidaridad sindical y la genuina seguridad social de los trabajadores y agricultores, todo lo cual ha sufrido embates implacables desde mediados de los años 70.

Los apologistas del capitalismo a menudo señalan con satisfacción la creciente esperanza de vida en Estados Unidos y otros países. Lo que muy convenientemente pasan por alto es la intensificación del trabajo y la prolongación del tiempo de trabajo, que estrujan y exprimen la vida por más años a capas cada vez más amplias de la clase trabajadora. Las horas anuales de trabajo para los trabajadores en Estados Unidos están en aumento, no en descenso. Cuatro de cada 10 trabajadores en la industria privada no reciben licencia pagada por enfermedad, y una cuarta parte no goza de vacaciones pagadas, incluida la enorme mayoría de los trabajadores de bajos salarios. Menos de la mitad de la fuerza laboral estadounidense cuenta con pensiones provistas por los empleadores, mientras que Washington y los políticos capitalistas han elevado de 65 a 67 años la "edad de jubilación" para el Seguro Social, edad antes de la cual uno no puede recibir todas las prestaciones que le corresponden. Y ellos la van a seguir elevando más y más.

Al no existir un sistema nacional de salud financiado por el gobierno en Estados Unidos, la cobertura del seguro médico provisto por los patrones se ha reducido de casi un 70 por ciento en 1979 hasta poco más de la mitad de la fuerza laboral hoy día. Para la mayoría de los trabajadores, los salarios ajustados a la inflación han quedado estancados o han decaído por más de tres décadas, mientras que los salarios monetarios en sí están bajando para decenas de millones. Entretanto, el yugo de las deudas y de los pagos de intereses para las familias obreras —por autos, tarjetas de crédito, muebles, casas, préstamos escolares, cuentas médicas— es más grande y más oneroso que nunca.

EN NOMBRE DE LIBERAR las "fuerzas del mercado" para salvar al planeta, sectores crecientes del capital financiero compiten para aumentar sus ganancias a expensas de sus rivales dentro y fuera del país. A los eminentes economistas de la burguesía les gusta llamar este proceso "destrucción creadora", pero su resultado es mucho menos creador que destructor para las masas trabajadoras (mas no para los ingresos de los "economistas").

Hay un intercambio global creciente —y lucrativo— en los "créditos de carbono", "futuros de carbono", "trueques de carbono", "derivados climáticos" y otras formas de capital ficticio "verde". De por sí, el mercado global de créditos de carbono, que va creciendo rápidamente, ha ascendido a una cifra que se calcula en más de 40 mil millones de dólares para 2007, cuatro veces el nivel de hace apenas dos años.[22] Las estratagemas de "topar y comercializar" son la esencia del embuste del Protocolo de Kioto de Naciones Unidas sobre el Cambio Climático. Sus propios defensores reconocen que aun si se cumpliera plenamente durante el próximo siglo, ese tratado aplazaría el proyectado calentamiento global apenas unos pocos años. En realidad, el pacto es más violado que cumplido tanto por sus firmantes imperialistas en Europa y Japón como por sus boicoteadores imperialistas en Estados Unidos, Australia y, desde 2007, Canadá. En 2006, por ejemplo, los reportajes de la prensa revelaron que los topes de emisiones para la mayoría de los estados de la Unión Europea se habían fijado a niveles tan altos que los capitalistas en esos países vendían créditos por

---

22. La American Electric Power Co. (AEP) con sede en Ohio —que consume más carbón y emite más dióxido de carbono que cualquier otra empresa en Estados Unidos— ha encontrado una manera barata de "ganar" sus "créditos de carbono". En vez de invertir en nueva tecnología para centrales generadoras a base de carbón, la AEP, por una fracción del costo, ¡está pagando para que se tapen lagunas de estiércol putrefacto con toldos de plástico en Estados Unidos! El estiércol en descomposición produce metano, un gas invernadero. El metano se quema, lo cual emite un dióxido de carbono menos potente. Los dueños de la gigantesca empresa de servicio público esperan ganar créditos por 0.6 millones de los *145 millones de toneladas métricas* de CO_2 que sus plantas energéticas emiten anualmente. "De acuerdo a la nueva matemática del 'mercado del carbono'", dice el *Wall Street Journal*, "esa reducción de emisiones se traducirá en un montón de plata". Prepárense para lo que lógicamente es el próximo ardid de "créditos de carbono": ¡futuros en pedos bovinos!

"exceso" de carbono a una ganancia jugosa en los mercados mundiales de capital.

El capital incluso llena sus arcas cuando las empresas que venden "compensaciones de carbono" a "consumidores" con cargo de conciencia, supuestamente para contrarrestar, dólar por dólar, sus "huellas" de gasolina, combustible de calefacción y electricidad: ¡confesores comerciales que ofertan indulgencias contemporáneas a dueños de SUV y pasajeros frecuentes de avión entre la clase media!

ENTRETANTO, el capital financiero sigue cosechando superganancias de las ventas del carbón, del petróleo y del gas natural, mientras nuevos y lucrativos mercados "verdes" en energía eólica, energía solar, el secuestro de carbono, vehículos "híbridos", "carbón limpio" y —nuevamente, más y más— minería de uranio y energía nuclear. General Electric, ConocoPhillips, Alstom, Duke Energy, General Motors, Exelon, Alcan, PepsiCo, Archer Daniels Midland, British Petroleum, DuPont, PNM Resources, Royal Dutch Shell, PG&E, Dow Chemical, Siemens, Caterpillar, Rio Tinto Mining: estas son nada más unas pocas de las que encabezan la carrera por enriquecerse con las iniciativas "verdes".[23] Entre las víctimas de la "campaña de productividad" de los capitalistas para captar una pro-

23. Antes de desaparecer en 2001, la Enron era una de las principales promotoras del tratado de Kioto. En uno de sus memorándums internos señaló que el pacto "haría más para promover los negocios de la Enron que casi cualquier otra iniciativa regulatoria". En 1998, cuando la Agencia de Protección Ambiental (EPA) estableció su Premio de Protección Climática anual, la Enron fue uno de los 19 galardonados iniciales.

porción creciente de los elevados precios del combustible se encuentran trabajadores que se mueren, quedan mutilados y se enferman en minas, fábricas y otros centros de trabajo, no solo en Estados Unidos sino en *todos* los países del mundo menos Cuba.

Tampoco el etanol es una solución. (Aparte de que ni su combustión ni su producción contribuye de manera sensible a la reducción de los gases invernadero). El presidente cubano Fidel Castro no podría ser más acertado al condenar el desvío del maíz y de otros cultivos de alimentos hacia la producción de combustible, señalando las consecuencias destructivas para el pueblo trabajador en todo el mundo. Sin embargo, mientras el capital financiero domine los mercados mundiales, lo que los agricultores siembren y cosechen dependerá de cuáles mercancías van a obtener los precios más altos y las mayores ganancias. Como ha pasado a lo largo de la historia del capitalismo, y multiplicado muchas veces más en las naciones oprimidas, los granjeros ricos y el capital internacional dedican crecientes extensiones de tierras a los "cultivos de exportación" o "cultivos comerciales" rentables a expensas de la producción de alimentos y fibras que necesita el pueblo trabajador, y a expensas de la fertilidad del suelo, la calidad del aire y del agua, la producción y el procesamiento higiénicos de alimentos nutritivos, y las condiciones de sanidad y seguridad de los trabajadores agrícolas.

En Estados Unidos, a medida que un creciente porcentaje del cultivo del maíz se destina a la producción de etanol (subió del 11 por ciento en 2004, hasta un tercio en 2007, según se calcula, y la proporción todavía sigue en aumento), los precios del maíz se han triplicado en los dos últimos años: de aproximadamente 2 dólares por cada *bushel* (35 litros) —el promedio por varias décadas— a más de 6 dólares por bushel a comienzos de 2008. Como se señaló antes, los dueños de los gigantescos monopolios "agroempresariales" como la Archer Daniels Midland y la Cargill aprovechan esta situación para aumentar los precios de los granos y llenar sus arcas; luego culpan engañosamente a los agricultores por el salto en los precios de alimentos. Sin embargo, no es cierto que los precios del maíz simplemente van a seguir subiendo más y más. A medida que se siembre más tierra con maíz en Estados Unidos y otros países, llegará un momento cuando la manía del mercado de maíz se reventará y los precios caerán, dejando en la ruina a muchos miles de pequeños agricultores más en Estados Unidos, México y por el mundo.

BAJO LA BANDERA de proteger el medio ambiente y reducir los gases invernadero, los promotores burgueses de la "agricultura orgánica" arguyen que los fertilizantes nitrogenados se producen utilizando gas natural, un hidrocarburo, y por tanto no debieran de utilizarse. Pero para la humanidad en la mayor parte del mundo, sobre todo en África subsahariana, la crisis significa suelo agotado y cosechas que decaen por la *carencia* de fertilizantes de nitrógeno, potasio y fósforo. En las regiones de África al sur del Sahel, donde a los agricultores empobrecidos no les alcanza para pagar los insumos caros, el uso de fertilizantes representa menos del 10 por ciento del promedio mundial, y un 75 por ciento de la tierra agropecuaria está severamente degradada, careciendo de nutrientes esenciales para la producción de cultivos. El rendimiento de los granos promedia en un tercio del promedio mundial.[24]

---

24. Los agricultores de Malawi, en África austral, casi triplicaron su producción de maíz en 2006 y 2007 cuando el gobierno de ese

Desde el punto de vista de la absorción del dióxido de carbono, cabe notar que la tala forestal por parte de agricultores desesperados que buscan combustible y un suelo más rico para sembrar simplemente se suma a la masiva destrucción mundial de los bosques que están llevando a nuevos extremos los gigantescos trusts madereros como Weyerhaeuser, International Paper y Georgia-Pacific, desde Norteamérica hasta Europa, China y más allá.

Los comunistas rechazamos el fraude, que se presenta como "hecho", de que los fertilizantes químicos, pesticidas y herbicidas, o los granos modificados genéticamente y otros cultivos, son en sí dañinos para el bienestar humano y el progreso social. Tales aseveraciones no se basan en pruebas científicas sino en la ideología burguesa y los prejuicios de reformadores liberales y radicales de clase media. Citando las palabras de Marx, los revolucionarios proletarios no estamos entre los que se "lamentan" o que "anhelan deshacerse de los logros técnicos modernos, para deshacerse de los conflictos modernos".

Tampoco hacemos concesiones a la incitación al pánico por parte de los "ambientalistas" burgueses o las organizaciones estalinistas, socialdemócratas y centristas en el movimiento obrero que se adaptan a la demagogia

---

país rechazó las presiones a las que por tanto tiempo lo habían sometido tanto los gobiernos norteamericano y británico como el Banco Mundial para que eliminara subsidios a la compra de fertilizante de nitrógeno y semillas de alto rendimiento. Tras restablecerse los subsidios (los campesinos tenían la posibilidad de comprar dos bolsas de fertilizante y tres kilos de semilla), la cosecha aumentó a 3.4 millones de toneladas métricas en 2007, comparado con 1.2 millones en 2005. Esto no solo disminuyó el hambre en Malawi sino permitió que se exportaran cientos de miles de toneladas para satisfacer las necesidades alimenticias en otros países africanos.

de los políticos capitalistas liberales en los cuales depositan sus esperanzas: "¡Está desapareciendo la capa polar! ¡Se va a detener la Corriente del Golfo y Europa se va a congelar! ¡La subida del mar va a desplazar a miles de millones de personas! ¡Habrá extinciones en masa que eliminarán flora y fauna!"

Cabe recordar que en los años 60, amplias corrientes de opinión burguesa y sus sirvientes entre el establishment "científico" prestaron credibilidad a las alarmas sobre la "bomba demográfica", lanzadas por estos mismos círculos, de que el hambre reduciría a Estados Unidos a 23 millones de habitantes al llegar el milenio —¡el año 2000!— y que existía una fuerte probabilidad de "que Inglaterra no existirá en el año 2000".[25] Además, en los años 70 la influyente organización burguesa Club de Roma, en su informe "Los límites del crecimiento", utilizó "modelos computarizados" para advertir que si continuaban las mismas tendencias de consumo, se agotaría el mercurio del planeta para el año 1985, el zinc para 1990, y el cobre, plomo y gas natural para 1993… ¡ni pensar del milenio!

Lo 'verde' no es alternativa a un programa obrero revolucionario

Desde el ascenso del orden capitalista mundial, la humanidad ha encarado —y sigue encarando cada vez más— cuestiones de vida o muerte que surgen de la acelerada destrucción del trabajo y de la naturaleza por el capital y sus efectos sobre cientos de millones de trabajadores y agricultores. Lo que está en juego para el pueblo trabajador del mundo es enorme. Existen graves y crecientes

25. Paul Ehrlich, "Eco-Catastrophe" (Eco-catástrofe) en la revista *Ramparts*, septiembre de 1969; Julian Simon, *El último recurso* (Madrid: Dossat, 1987).

peligros para la vida sobre la Tierra debido a la existencia de masivos arsenales de armas convencionales y estratégicas, y a la inevitabilidad de la proliferación de armas nucleares a una escala completamente nueva desde que Washington llevó a cabo la infame incineración de la población de Hiroshima y Nagasaki en 1945.

Pero la política "verde y roja", la descripción con la cual un buen número de corrientes de clase media en el movimiento obrero identifican su programa y actividad en la actualidad, no es un curso proletario. La política "verde" y el "ambientalismo", al igual que la política de "paz" y el "pacifismo", son expresiones de la política *burguesa.* Conducen al colaboracionismo de clases. Su rumbo se aleja de la lucha por la acción política obrera independiente y la conquista del poder por los trabajadores y agricultores: el único camino hacia la paz y hacia una defensa eficaz del trabajo y del suelo, las aguas y la atmósfera del planeta. Por ese camino de lucha revolucionaria se podrán conquistar y se conquistarán, como derivados, logros concretos para el pueblo trabajador.

Las campañas burguesas de histeria —el "catastrofismo"— son a la vez endémicas y necesarias para el mantenimiento de las relaciones sociales capitalistas, más aún al ir creciendo las crisis económicas y sociales. Como los gobernantes no pueden ofrecer explicaciones científicas ni soluciones perdurables a los horrores y las brutalidades que su sistema engendra, ellos promueven explicaciones suprarracionales y sobrenaturales a fin de guiar al pueblo trabajador hacia la creencia de que estos fenómenos sociales devastadores son inexplicables. Las acaudaladas familias dominantes pretenden impedir que reconozcamos la verdadera causa de estas amenazas a la civilización: el modo capitalista de producción, el orden imperialista mundial y la enorme riqueza y poder que los gobernantes exprimen de la naturaleza y de los productores explotados. Su objetivo es inculcar miedo y parálisis entre el pueblo trabajador y capas inseguras de las clases medias, a fin de justificar mejor los "sacrificios" desiguales que necesitan los patrones para incrementar su acumulación de capital y sus tasas de ganancia. Para así atizar mejor el sentimiento nacionalista para sus guerras comerciales, el uso de minorías raciales y nacionales como chivos expiatorios, la intolerancia antiinmigrante y a favor de "solo inglés", y finalmente los pogromos sangrientos. Para así promover mejor el apoyo patriótico a la creciente militarización, tendencias hacia el bonapartismo y sangrientas guerras imperialistas.

Con estos esfuerzos los gobernantes pretenden fomentar el miedo y la pasividad. Pretenden promover sentimientos de aislamiento y dependencia. Pretenden socavar el reconocimiento del hecho que somos parte de una clase poderosa a nivel mundial, y minar la fuerza y la solidaridad que se desprenden de nuestra confianza de que tenemos valía. Tales temores y pánico están arraigados en exactamente las mismas relaciones sociales que sirven de terreno fértil para la demagogia de "conspiraciones" utilizada por los estalinistas, los socialdemócratas y demás radicales pequeñoburgueses para encubrir y desviar la atención de las consecuencias desastrosas de su propia maldirigencia contrarrevolucionaria de la clase trabajadora y de los oprimidos. El fantasma de los "complots" de los nazis, "complots" del Mikado, "complots" de los judíos, "complots" de los trotskistas, "complots" de la CIA, se ha combinado repetidamente con calumnias, casos fabricados, amalgamas y asesinatos de revolucionarios para justificar muchos hechos inconvenientes. Esa es la verdadera paternidad de las "brigadas de la verdad del 11 de septiembre" y de otros aficionados a las conspiraciones hoy en día, por más inconscientes que algunos de los hijos sean de esa paternidad. Y sus filas se traslapan y convergen con los catastrofistas que rebuznan acerca del fin del medio ambiente, y también con derechistas libertarios y nacionalistas "antibélicos".

La desorientación y desmoralización política no ha sido el único precio que paga el pueblo trabajador por las exageraciones, medias verdades y mentiras descaradas que se presentan como "ciencia". A principios de los 70, por ejemplo, en Estados Unidos y en otros países imperialistas se logró prohibir el uso del DDT como pesticida agrícola; este había matado un gran número de aves. Ambientalistas burgueses y de clase media deformaron esta campaña exitosa, convirtiéndola en una cruzada internacional para prohibir el uso del DDT hasta en pequeñas cantidades como aerosol doméstico para matar el mosquito portador de la malaria. Cerca de un millón de personas mueren de paludismo cada año, de las cuales el 80 por ciento son niños (tres niños cada dos minutos), y recientemente se ha demostrado que la enfermedad aumenta la virulencia del virus VIH entre los que padecen SIDA en África y otras regiones. Sin embargo, producto de décadas de alarmismo, no fue sino hasta finales de 2006 —tras 35 años de un indecible número de víctimas— que la Organización Mundial de la Salud, una agencia auspiciada por la ONU, finalmente quitó su prohibición total, reconociendo tardíamente que el DDT es el insecticida antimalarial más eficaz para uso doméstico (hasta que se desarrollen y se demuestre la eficacia de medios de erradicación igualmente potentes y ambientalmente seguros). Por ejemplo, después que se reintrodujo el rociado de DDT en Sudáfrica tras una prohibición de cuatro años, bajó en un 80 por ciento la incidencia de malaria… ¡80 por ciento!

El hecho que el capital degrada los medios de producción hasta convertirlos simultáneamente en medios de destrucción no es producto de la tecnología, de los químicos sintéticos o de la bioingeniería. Es producto del afán de las clases explotadoras y sus ejércitos, policías y tribunales de defender, ampliar y aumentar la acumulación del capital y la reproducción de las relaciones sociales capitalistas para mantener su propio dominio de clase. Únicamente al *resolver* el "conflicto moderno" entre el capital y el trabajo —dirigir a las masas trabajadoras hacia la conquista del poder y la creación de gobiernos de trabajadores y agricultores— se podrá liberar el potencial creador y productivo de la transformación de la naturaleza por la humanidad, permitiéndonos controlar los peligros evitables que entraña esa transformación.

¿Qué hacer?

Los comunistas entendemos que toda la política, incluida la política obrera, se realiza en el marco del tiempo histórico: meses, años, décadas y siglos. No en el marco de las decenas de miles y millones de años del tiempo geológico, durante el cual la naturaleza fluctúa con tendencias más allá del control humano.

Una gran parte del hemisferio norte no era habitable para los seres humanos sino hasta el retroceso de los glaciares hace solo 11 500 años. Hace menos de un milenio, varios miles de colonos nórdicos sembraban cultivos y criaban ganado en Groenlandia, antes de que sus asentamientos paulatinamente se volvieran inhabitables por el avance de los glaciares y las temperaturas subcero, al iniciarse lo que a menudo se ha llamado la "Pequeña Edad de Hielo" desde 1300 hasta mediados del siglo

AP / WIDE WORLD PHOTOS

TAMAR ROSENFELD / MILITANTE

"Las condiciones de seguridad en el trabajo y la protección ambiental y de los consumidores están entrelazadas. La lucha en las minas, fábricas y campos para proteger la vida y el bienestar físico de las clases trabajadoras y el público es el germen de las luchas por el control obrero de la industria".

ARRIBA: Nueva York, abril de 2008. Misa en catedral de San Patricio en memoria de 26 obreros de la construcción muertos en accidentes. En los primeros tres meses de 2008 el número de muertes superó el total de 2007. **ABAJO:** Mineros huelguistas despedidos de la mina de carbón Co-Op en Huntington, Utah, retornan al trabajo, julio de 2004, después que la compañía fue obligada a contratarlos de nuevo. La huelga y la campaña de sindicalización comenzaron en respuesta al despido de un obrero que tomó acción para hacer cumplir reglamentos de seguridad.

IFAD

ALAMY IMAGES / STEVE MORGAN

"Los ideólogos burgueses de la 'agricultura orgánica' se oponen al uso de fertilizantes nitrogenados porque dañan el medio ambiente. Pero la crisis en África subsahariana, donde el rendimiento de las cosechas es un tercio del promedio mundial, se deriva del hecho que los agricultores no pueden pagar por fertilizantes de nitrógeno, potasio y fósforo para revertir el agotamiento del suelo".

ARRIBA: Mujeres juntan leña para combustible en noroeste de Somalia, donde las relaciones de clases y el legado del colonialismo aceleran la deforestación y erosión del suelo. **ABAJO:** Campesina en Malawi con fertilizante y semillas. Rechazando presiones del Banco Mundial y de las potencias imperialistas para que eliminara las subvenciones agrícolas, el gobierno malawi facilitó dos sacos de fertilizante y tres kilos de semillas a cada productor. Los agricultores triplicaron la producción de maíz en 2006 y 2007.

XIX. Desde entonces se ha manifestado una tendencia de calentamiento en el hemisferio norte, tendencia que continúa hasta la fecha.

Los factores geológicos, solares y otras condiciones naturales responsables del cambio climático a largo plazo —incluidos la órbita, la inclinación y el bamboleo de la Tierra, las variaciones en la irradiación del Sol, los desplazamientos tectónicos, la actividad volcánica— van a continuar independientemente de la intervención humana. En el transcurso del tiempo geológico los glaciares avanzarán y retrocederán, una y otra y otra vez. Lo que es de importancia apremiante para el movimiento obrero son los factores sociales y políticos que la planificación consciente y la actividad humana *pueden* afectar y sí afectan, incluidos los preparativos para minimizar las consecuencias humanas de las catástrofes naturales.

¿Qué hacer?

A pesar de que la clase patronal y el gobierno y los partidos políticos de la burguesía (a los cuales se ata la cúpula sindical) intentan convencernos de lo contrario, las condiciones de seguridad en el trabajo, la protección del consumidor y la protección ambiental están inextricablemente vinculadas. La lucha en las minas, las fábricas, los campos y otros centros de trabajo para proteger la vida y el bienestar físico de las clases trabajadoras y el público más amplio es el germen de las luchas por el control obrero de la industria y por la acción política obrera independiente. Es el germen de los avances de la solidaridad obrera que conducen hacia un gobierno de trabajadores y agricultores y hacia un salto de gigante en la solidaridad humana.

Los patrones tratan de convencernos de que no estemos a favor de la regulación y el cumplimiento rigurosos de medidas de protección del consumidor y del medio ambiente porque estas reducen la "competitividad" de "nuestras" industrias y "nuestras" compañías y hacen que los trabajadores pierdan empleos. Los personajes y profesionales burgueses que dirigen los grupos establecidos pro consumidor y pro ambientales refuerzan el prejuicio de que estos son problemas de "clase media" al culpar en gran parte por los abusos a la clase trabajadora: tanto lo que hacemos en el trabajo como lo que compramos en la gasolinera o en la tienda. Pero la política burguesa de *NIMBY* —*"not in my backyard"* (no en mi traspatio)— canaliza los deshechos de la producción industrial y agropecuaria hacia los cielos, arroyos, ríos y tierras donde viven trabajadores, agricultores, negros, inmigrantes y otras capas explotadas y oprimidas de la población productiva.

Nuestra lucha por condiciones seguras en el trabajo es inseparable de las luchas sociales y políticas de los trabajadores de vanguardia y del movimiento sindical contra la contaminación de los alimentos que ingerimos, la manufactura chapucera y peligrosa de bienes que necesitamos, y la polución de la tierra, las aguas y los cielos. Al organizarnos para imponer el control obrero sobre las industrias donde creamos la riqueza que nos expropian las familias capitalistas dominantes, podemos luchar no solo para que nuestros sindicatos ejerzan el poder del veto sobre las cuestiones de seguridad, salud y ritmo de trabajo en el centro de trabajo. Simultáneamente podemos exigir que los patrones abran sus libros de contabilidad, para que el pueblo trabajador pueda quitarle el velo que esconde los "secretos de negocios" tras los cuales el capital oculta sus ganancias usurarias y sus atropellos contra el trabajo y la naturaleza.

"Si traducimos todo lo que comúnmente se considera como cuestión ambiental en algo que plantee cómo mejorar la protección de la clase trabajadora, y cómo la clase trabajadora puede extender esa protección a todos los demás", para recordar la guía citada anteriormente, "entonces difícilmente vamos a errar".[26]

El proletariado es una clase internacional; nuestros aliados oprimidos y explotados abarcan los continentes. Por tanto, la protección de la clase trabajadora y la extensión de esa protección a todos empiezan con el mundo. No solo resulta que desde 1990 toda reducción de la brecha en la esperanza de vida entre los países imperialistas y el resto del mundo se ha estancado en gran parte, sino que esa brecha se ha ampliado hasta convertirse en un abismo para muchos de los países más pobres, especialmente en África subsahariana.

Las operaciones del sistema capitalista a nivel mundial privan a millones de personas de las necesidades humanas más elementales: la falta de vacunación causa hasta 3 millones de muertes infantiles cada año; el 40 por ciento de la población del mundo subsiste con menos de 2 dólares diarios; el mismo porcentaje carece de acceso a sistemas modernos de sanidad, y más del 15 por ciento no tiene fuentes de agua potable; casi mil millones de personas, según cifras "oficiales" de Naciones Unidas, están malnutridas. Al menos un tercio de la humanidad no tiene acceso a nutrientes tan elementales (y baratos) como la sal yodada, vital para el desarrollo mental de los niños, mientras que un problema tan fácil de prevenir y curar como la diarrea se mantiene entre las tres causas principales de muerte infantil a nivel mundial y mata anualmente a millones de personas de todas las edades.

26. *El desorden mundial del capitalismo*, pág. 373.

Entretanto la administración Bush se jacta de los miles de millones que Washington gasta en programas de SIDA a nivel mundial, en tanto que muchos demócratas ostentosamente piden más aún... mientras que la Casa Blanca y el Congreso bajo ambos partidos imperialistas aumentan las ganancias de los gigantes farmacéuticos al estipular que no se dedicarán fondos a la compra de medicinas genéricas anti-VIH.

Estas son algunas de las razones por las que el Partido Socialista de los Trabajadores, en nuestras campañas y nuestra propaganda cotidiana, exige: Eliminar todos los aranceles a los productos que ingresan a Estados Unidos. Anular la deuda externa de los países semicoloniales. Apoyar las gestiones de las naciones oprimidas por el imperialismo para adquirir y desarrollar las fuentes de energía necesarias para expandir la electrificación, un requisito para los avances económicos y sociales. Oponernos a la campaña de Washington y sus aliados imperialistas de impedir que esas naciones desarrollen la energía nuclear y otras fuentes de energía necesarias para sacar de la oscuridad a gran parte de la humanidad.

COMO EXPLICAMOS en "Nuestra política empieza con el mundo": "Dadas las necesidades energéticas incumplidas de miles de millones de personas alrededor del mundo, especialmente en los países semicoloniales; los crecientes costos de extracción y refinado de los recursos petroleros del mundo; y el daño acumulado y acelerado a la atmósfera del planeta a causa de la combustión de petróleo, carbón y otros hidrocarburos, las centrales nucleares sí se usarán para generar un creciente porcentaje de la energía eléctrica del mundo en el siglo XXI. Eso es seguro, y por necesidad".

Al mismo tiempo, el informe del congreso destacó, "Desde mediados de los años 70 el Partido Socialista de los Trabajadores se ha opuesto a la producción y al uso de la energía nuclear en Estados Unidos. Hemos mantenido esta posición porque los dueños del capital y su gobierno son incapaces, por las leyes que impelen su sistema, de poner a los seres humanos por encima de las ganancias al encarar los problemas que plantea la operación de centrales nucleares: el diseño y la operación de los núcleos del reactor nuclear para evitar derretimientos, la fabricación y redundancia de recintos de contención seguros, y la eliminación de los desechos radiactivos y tóxicos".

Barnes explica que "la competencia de capitales, el afán por el máximo de ganancias, fomenta la innovación tecnológica en el capitalismo y continuará así mientras exista este sistema social". Pero "estas mismas leyes de acumulación del capital presionan a la clase patronal a que subordine (y a menudo a que suprima) avances científicos y tecnológicos que beneficiarían a sus competidores —y a los productores— con tal de maximizar las ganancias individuales. Los capitalistas muestran así su desdén inhumano por la salud y la seguridad de los trabajadores y por el público más amplio. Y les importa un comino las consecuencias que tenga a largo o a corto plazo con relación al medio ambiente".

Por esa razón, dice el informe, la cuestión política apremiante que enfrentamos la clase obrera y nuestros aliados entre las masas trabajadoras es: "por cuánto tiempo serán los gobiernos al servicio de las familias gobernantes imperialistas y de otros explotadores capitalistas los que lleven a cabo el diseño y la construcción de recintos de contención, el control de las operaciones de los reactores y la eliminación de desechos atómicos, con todas las consecuencias que esto acarrea para la salud y la seguridad públicas. Cuánto tiempo hasta que estas cuestiones vitales —incluyendo, al final, la transición de la energía nuclear a otras fuentes energéticas más seguras que aún están por desarrollarse— sean organizadas por gobiernos de trabajadores y agricultores que actúen en función de los intereses de la gran mayoría de la humanidad. No podrían ser más claros los intereses que están en juego en la resolución de esa interrogante, un desenlace que se resolverá en históricas batallas de clases".[27]

Como parte de nuestro programa y estrategia más amplios, los trabajadores comunistas, a fin de defender a la población trabajadora, planteamos reivindicaciones inmediatas ante el gobierno capitalista y el gran capital. Estas incluyen demandas que apuntan especialmente a la defensa combinada de la naturaleza y del trabajo:

- La clase trabajadora debe romper con los partidos gemelos del capital —los demócratas y los republicanos— y construir un partido obrero basado en un movimiento sindical combativo, un partido obrero que se pronuncie y *actúe* en defensa de los intereses del pueblo trabajador aquí y alrededor del mundo. Dada la evolución del orden mundial capitalista al comienzo del siglo XXI, el movimiento obrero debe actuar más que nunca según lo que orientó Marx, hace casi 150 años, de que necesitamos tomar "*acción política general* [porque] en el terreno puramente económico de lucha, el capital es la parte más fuerte".[28] La lucha en torno a toda cuestión económica y social fundamental que enfrente el pueblo trabajador alrededor del mundo tiene que librarse y conquistarse

27. Barnes, "Nuestra política empieza con el mundo". En el número 7 de *Nueva Internacional*, págs. 37, 39, 41.

28. Marx, *Valor, precio y ganancia* (1865), en *Obras escogidas*, tomo II, pág. 73.

sobre el terreno político.

- Apoyar las luchas obreras para organizar sindicatos y movilizar y extender el poder sindical para defendernos a nosotros y a otros trabajadores de los ataques patronales. Necesitamos solidaridad y fuerza, no aislamiento y vulnerabilidad.
- Ejercer el control obrero en las plantas, minas y demás centros de trabajo para hacer cumplir medidas de salud y seguridad y cesar la contaminación y la producción de bienes chapuceros y perjudiciales para la venta al público.
- Nacionalizar los monopolios petroleros gigantes, otras compañías energéticas y las empresas de servicio público. Hacer transparentes todas sus operaciones, dirigidas bajo control obrero. Es la única manera de hacer cumplir las normas de seguridad laboral y de controlar todos los procesos técnicos para proveer electricidad, calefacción y aire acondicionado asequibles al pueblo trabajador y poner alto al envenenamiento del aire, del agua y de la tierra.
- Hacer que las industrias y agroindustrias cumplan con los controles de emisiones de CO_2 y otros gases de invernadero. Washington debe poner en práctica estos controles independientemente de las medidas de cualquier otro gobierno en cualquier parte del mundo. Así como el movimiento obrero revolucionario, desde sus orígenes, se opuso a todo intento del capital, en la ciudad o en el campo, de cercar y monopolizar las tierras comunales para el lucro privado, o de deshacerse de residuos tóxicos sin costo alguno y sin considerar las consecuencias, nosotros condenamos el vertido de los gases de invernadero y otros contaminantes a la atmósfera: nuestros espacios comúnes.
- El gobierno federal debe garantizarles a los pequeños

agricultores los costos de producción. Esto incluye acceso a créditos costeables, financiados por el gobierno. Alto a las ejecuciones hipotecarias de las fincas. Se debe garantizar a los agricultores el uso de la tierra que alquilan o a la que tienen título, sin que teman ser desalojados.

• No a los recortes de las prestaciones de jubilación del Seguro Social presentes o futuras, de los programas de Medicaid, de los pagos o la indemnización por incapacidad de los trabajadores. Reducir la edad de jubilación que sigue en ascenso. No poner obstáculos o multas a los jubilados que trabajan si deciden hacerlo.

• Proveer atención médica y pensiones de jubilación universales y garantizadas por el estado a la clase trabajadora, de manera vitalicia para cada uno de sus miembros.

• Plenos ajustes por el costo de vida para proteger los salarios obreros y todas las demás prestaciones de salud, jubilación y otros beneficios sociales contra los estragos de la inflación del capital financiero. Los sindicatos deben iniciar comités para unirse con los trabajadores en las ciudades, los pueblos y las fincas a fin de determinar la verdadera tasa de inflación en sus regiones. Es la única forma de poner fin al amañamiento de las cifras "oficiales" de precios que subestiman burdamente, y a veces excluyen totalmente, las alzas del costo de alimentos, combustible, atención médica, educación universitaria, tasas de interés de las deudas y demás necesidades básicas que abarcan la abrumadora mayoría de los gastos de la familia de cada trabajador y agricultor.

• Ante el aumento del desempleo, recortar la semana laboral sin recortar los salarios a fin de distribuir el trabajo disponible. Por un programa masivo de obras públicas financiado por el gobierno federal para poner a trabajar a millones con salarios a nivel sindical. Construir viviendas de alta calidad y transporte público seguro, cómodo y costeable para el pueblo trabajador, así como escuelas, guarderías infantiles, instalaciones recreativas y otras infraestructuras para mejorar las condiciones de vida del pueblo trabajador y proteger las fuentes naturales de toda la riqueza física y el progreso social.

La Revolución Cubana: las posibilidades que abre el poder obrero

A excepción de Cuba revolucionaria, no hay un solo país donde los trabajadores tengamos un gobierno y una dirección revolucionaria que nos organice y movilice para defender nuestros intereses de clase y los de los oprimidos y explotados por todo el mundo. No existe ningún otro gobierno de trabajadores y campesinos dirigido por revolucionarios capaz de organizar al pueblo trabajador para prevenir las catástrofes *sociales* que son consecuencia del afán de la clase patronal —alimentado por la competencia— de acumular capital, catástrofes que por tanto pueden evitarse. Ni uno que no esté tan burocratizado que impide una respuesta revolucionaria a los desastres *naturales* y la consiguiente degradación ambiental: aplicando la planificación y acción social, con conciencia de clase, para reducir al mínimo las muertes, la destrucción y demás efectos diferenciados por clases.

Cuando el pueblo trabajador de Rusia, dirigido por los bolcheviques, conquistó el poder en octubre de 1917, el nuevo gobierno revolucionario bajo la dirección de Lenin sí trazó una vía en defensa del trabajo y de la naturaleza, en la joven república obrera y campesina, como también por sus gestiones internacionalistas proletarias para impulsar luchas revolucionarias por el socialismo y la liberación nacional a nivel mundial. Entre sus primeros decretos, promulgó reglamentos que establecían el control obrero "en toda la industria, comercio, banca [y] agricultura" para combatir el sabotaje capitalista, mantener la disciplina en los centros de trabajo, incrementar la productividad del trabajo social y mejorar la salud, la seguridad en el trabajo y las condiciones de vida de la clase trabajadora y del campesinado.[29] La "Declaración de los derechos del pueblo trabajador y explotado", en enero de 1918, proclamaba que las leyes del nuevo gobierno sobre el control obrero tenían como objeto "asegurar el poder del pueblo trabajador sobre los explotadores y como primera medida para que las fábricas, minas, ferrocarriles y demás medios de producción y de transporte pasen por entero a ser propiedad del estado obrero y campesino".[30]

AL MISMO TIEMPO, frente a la agresión militar imperialista y la sangrienta guerra civil instigada por los latifundistas y capitalistas derrotados, el gobierno dirigido por los bolcheviques lanzó el programa de conservación forestal de mayor envergadura en el mundo. Para promover la alianza obrero-campesina e incrementar la producción agropecuaria, el gobierno creó laboratorios de genética y el banco de semillas más grande del mundo. Organizó decenas de expediciones científicas a Asia, África, América del Norte y del Sur y al Medio Oriente para recolectar especies y variedades de plantas con el fin de cruzarlas y, dentro de lo práctico, cultivarlas. El conocimiento adquirido se puso a disposición irrestricta

29. Ver, por ejemplo, "Proyecto del reglamento del control obrero" (1917) en V.I. Lenin, *Obras completas*, tomo 35, págs. 31–32.

30. Ver, "Declaración de los derechos del pueblo trabajador y explotado", Lenin, *Obras completas*, tomo 35, págs. 231–33.

del pueblo trabajador y de los científicos del mundo.

A finales de los años 20 y comienzos de los 30 se dio marcha atrás rotundamente a todos estos y otros logros —en todos los ámbitos de la vida económica, social y cultural— a medida que una casta burocrática y privilegiada, cuyo representante más prominente y brutal era José Stalin, llevó a cabo una contrarrevolución política contra la trayectoria comunista de Lenin.[31]

Unas tres décadas más tarde se reabrió un camino revolucionario en la lucha por la dictadura del proletariado cuando en 1959 los trabajadores y campesinos de Cuba, bajo la dirección del Movimiento 26 de Julio y del Ejército Rebelde encabezados por Fidel Castro, derrocaron a la tiranía de Fulgencio Batista, que era respaldada por Washington. Llevaron al poder un gobierno cuya dirección socialista contribuyó a cada paso a extender sus movilizaciones, poner fin a la dominación imperialista

---

31. En 1939, al rechazar las propuestas de funcionarios de salud pública en la Unión Soviética para formular leyes más fuertes contra la contaminación ambiental, Andrei Vyshinsky, fiscal principal durante los infames procesos estalinistas de Moscú en 1936–38, respondió: "Tenemos la Constitución de Stalin [de 1936]. Eso basta para asegurar que nuestro sistema de higiene y salud pública sea el mejor del mundo".

Nikolai Vavilov, quien había organizado el proyecto del banco internacional de semillas en la época de Lenin, fue arrestado en 1940 y condenado a un campo de trabajos forzados por encabezar la oposición entre los científicos soviéticos a la destrucción por el régimen de Stalin —bajo la influencia del criador de plantas Trofim Lysenko— de la práctica científica de la genética; Vavilov murió preso en 1943. En total, unos 80 biólogos, especialistas agrícolas y otros que resistieron las ideas excéntricas de Lysenko fueron arrestados, encarcelados o ejecutados, o murieron en campos para prisioneros. Cientos más fueron echados de sus puestos de investigación o de enseñanza en la Unión Soviética.

norteamericana e impulsar sus propios intereses de clase en las ciudades y el campo. En los meses posteriores al triunfo, como parte de este curso revolucionario también se organizó a los trabajadores y agricultores para hacer frente a la resistencia de figuras y corrientes burguesas dentro del propio gobierno nuevo. En los años siguientes, los revolucionarios cubanos tendieron una mano solidaria y lucharon hombro a hombro por todo el mundo con trabajadores y agricultores enfrascados en batallas contra la opresión del imperialismo y la explotación de los grandes terratenientes y capitalistas.

Como reafirmó el Partido Socialista de los Trabajadores al aprobar "Su transformación y la nuestra": desde 1959 hasta el día de hoy, toda organización que se reclame revolucionaria y proletaria "ha tenido que pasar —y debe seguir pasando— 'la prueba de fuego' de la Revolución Cubana... y reconocer el lugar que ocupa la *dirección* comunista en Cuba y actuar a partir de esa comprensión".[32]

LA TRAYECTORIA INTERNACIONALISTA proletaria de la dirección cubana se extiende a la manera en que aborda, en la práctica, el trabajo y la naturaleza. Un ejemplo muy gráfico es la forma en que el pueblo cubano se ha organizado para prepararse, resistir y reconstruir ante los huracanes recurrentes: sufriendo pocas muertes y minimizando la destrucción, en contraste con países como Estados Unidos que cuentan con riquezas materiales cualitativamente mayores. El gobierno cubano también ha movilizado a voluntarios internacionalistas para ir al exterior —a Pakistán, Haití, Honduras, Granada, Sudáfrica

32. En *Nueva Internacional* no. 6, pág. 91.

y otros países— a prestar ayuda a poblaciones para que se recuperan de las consecuencias sociales, causadas por el capitalismo, de terremotos, huracanes, inundaciones, epidemias y otros desastres naturales. (El ofrecimiento cubano en 2005 de enviar inmediatamente 1 500 médicos y otro personal médico voluntario, capacitado y experimentado en labores de emergencia, para ayudar a los damnificados por el huracán y por los estragos de las inundaciones en la Costa del Golfo de Estados Unidos, fue rechazada sumariamente por Washington, la propia potencia que era responsable de la devastación de trabajadores y agricultores por toda la región).

Este curso revolucionario se contrapone tajantemente no solo a la conducta de las clases dominantes imperialistas y las burguesías de los países semicoloniales económicamente más desarrollados. Es también lo opuesto del curso de los regímenes estalinistas de la Unión Soviética y toda Europa oriental y central que se derrumbaron a fines de los años 80 y comienzos de los 90. Estos aparatos estatales, y los fraudulentos partidos "comunistas" que los gobernaron durante décadas, eran ajenos a las clases trabajadoras tanto al interior como al exterior del país; promovían y defendían los intereses de casta de las capas sociales privilegiadas de disposición nacionalista; y abrieron esos países más y más a la penetración capitalista.

Lo mismo sucede hoy día con el régimen estalinista de China, a medida que este acelera sus esfuerzos encaminados hacia un capitalismo guiado por el estado a nivel nacional y a una mayor integración al mercado mundial y orden político imperialista. Solo basta mencionar unos pocos del sinnúmero de posibles ejemplos para demostrar el rumbo contrarrevolucionario que sigue Beijing respecto a la defensa del trabajo y la naturaleza:

• En 2006, según cifras oficiales del gobierno chino, 4 746 mineros del carbón murieron en el trabajo en China, un promedio diario de 13 trabajadores. Otros 3 800 murieron en 2007.

• En China están siete de las 10 ciudades del mundo señaladas por la Organización Mundial de la Salud por tener el aire más contaminado. Beijing está expandiendo y acelerando la degradación del suelo por toda China, así como la contaminación industrial de extensos tramos de los ríos Yang-tse y Amarillo y otras vías fluviales.

• La decisión del presidente chino Hu Jintao durante un viaje en febrero de 2007 a África (donde ya Beijing tiene "invertidos" 8 mil millones de dólares y está movilizando mucho más) de cancelar una visita al cinturón del cobre en Zambia por temor a las protestas obreras contra los bajos salarios y pésimas condiciones de trabajo en las minas con gerencia china, incluida una mina donde murieron 51 mineros en una sola explosión en 2005.

En notable contraste, el gobierno y la dirección de Cuba se han empeñado consecuentemente en ampliar la producción agropecuaria e industrial de formas que no solo protegen sino promueven la salud y la seguridad de los trabajadores y agricultores tanto en Cuba como en otras partes del mundo. Lo han hecho bajo condiciones onerosas, incluida la guerra económica y el embargo que Washington ha mantenido por casi 50 años, y el Período Especial de los años 90 luego del cese abrupto de las relaciones comerciales por parte de los sucesores de los regímenes estalinistas que se derrumbaron en la Unión Soviética y Europa oriental. Al obrar en defensa de los intereses de trabajadores y agricultores, y no bajo el azote de buscar el máximo de ganancias, le dan prioridad a evitar o rectificar métodos que contaminan el aire y el agua, deterioran los bosques,

"Cuba revolucionaria es la excepción. Ningún otro país es capaz de organizar al pueblo trabajador para prevenir catástrofes sociales. La dirección revolucionaria actúa en defensa de los intereses del pueblo trabajador, no bajo el azote de maximizar ganancias".

GETTY IMAGES

GRANMA

ARRIBA: Cuba, septiembre de 2004. Más de 1.3 millones de personas fueron evacuadas hacia zonas seguras en anticipación del huracán Iván No hubo una sola muerte cuando Iván azotó Cuba, mientras que hubo 57 muertos solo en Estados Unidos, y muchos más por todo el Caribe. **ABAJO:** Estas fincas urbanas, iniciadas a comienzos de los 90, conforme el pueblo trabajador se movilizó para afrontar la crisis alimentaria del Período Especial, son esenciales para la producción agrícola cubana en la actualidad.

BOHEMIA

"En el futuro, la propiedad privada del globo terráqueo en manos de determinados individuos parecerá tan absurda como la propiedad privada de un hombre en manos de otro hombre".—Carlos Marx

La Habana, Cuba, agosto de 1960. Trabajadores rodean ataúdes que simbolizan empresas norteamericanas en Cuba recién nacionalizadas por el gobierno de trabajadores y agricultores. Los trabajadores las expropiaron frente al sabotaje por parte de los propietarios y del gobierno imperialista norteamericano contra la reforma agraria que nacionalizó millones de acres de plantaciones y fincas privadas. En una celebración masiva, los ataúdes fueron llevados en procesión y tirados al mar.

praderas y ciénagas, y contaminan o degradan el suelo, así como los que perjudican la vida y el bienestar de los seres humanos.

Los revolucionarios cubanos se han preparado exitosamente para defender su revolución al luchar con entrega y abnegación a favor de otros por todo el mundo. "Quien no sea capaz de luchar por otros, no será nunca suficientemente capaz de luchar por sí mismo",[33] dijo Fidel Castro a una concentración de medio millón de personas en La Habana en diciembre 1988, unos meses después del triunfo de los combatientes voluntarios cubanos y soldados angolanos en el pueblo de Cuito Cuanavale, Angola, contra las fuerzas invasoras del régimen supremacista blanco de Sudáfrica. El gobierno cubano, insistiendo en el derecho de su país, y de toda nación oprimida, de conseguir y utilizar los medios necesarios para defender su soberanía nacional, al mismo tiempo ha rechazado todo desarrollo de armas nucleares en Cuba. La conciencia política revolucionaria y la preparación militar del pueblo trabajador y la juventud de Cuba siguen siendo el baluarte del cual dependen para frenar la mano del imperialismo norteamericano.

En contraste rotundo con la despiadada negligencia que Beijing demuestra hacia el bienestar de los trabajadores y del medio ambiente, a la vez que repatría la riqueza de los proyectos que va extendiendo por toda África y otros países, voluntarios cubanos que se desempeñan como médicos, especialistas en salud, maestros, ingenieros, entrenadores de deportes y otros técnicos en países semicoloniales por todo el mundo no imponen nada por decreto a los países huéspedes

33. Fidel Castro, "Nos jugamos todo en Angola" (1988), en *Cuba y Angola: Luchando por la libertad de África y la nuestra* (Pathfinder, 2013), pág. 43.

ni les exprimen beneficios materiales a los pueblos que ayudan. Lo que distingue ante todo al estado obrero cubano de cualquier otra sociedad del planeta son sus relaciones de propiedad proletarias y su dirección política revolucionaria: no sus técnicas médicas, pedagógicas, agronómicas o de ingeniería.

La razón por la cual son posibles los esfuerzos ejemplares de Cuba en defensa de la tierra y del trabajo la explica en *Nuestra historia aún se está escribiendo* el general cubano Armando Choy, quien es responsable de guiar el masivo esfuerzo dirigido por el gobierno para sanear la Bahía de La Habana y su cuenca tributaria de casi 30 millas cuadradas. Tales proyectos son una prioridad en Cuba, explica Choy, "porque nuestro sistema es socialista en su carácter y compromiso, y porque la máxima dirección de la revolución actúa en función de los intereses de la mayoría de la humanidad que habita el planeta Tierra y no mezquinos intereses individuales ni incluso sencillamente de los intereses nacionales de Cuba".[34]

❖

Hace casi siglo y medio, Marx escribió en *El capital* —un libro que preparó como guía para los trabajadores de disposición revolucionaria— que en el futuro, "Desde el punto de vista de una formación económico-social superior, la propiedad privada del globo terráqueo en manos de individuos aislados parecerá tan absurda como la propiedad privada de un hombre en manos de otro hombre. Ni siquiera toda una sociedad, una nación o, es más, todas las sociedades contemporáneas reunidas, son propietarias de la tierra. Solo son sus poseedoras, sus

---

34. *Nuestra historia aún se está escribiendo*, pág. 171.

usufructuarias, y deben legarla mejorada... a las generaciones venideras".[35]

Pero el trabajo no puede "legar" la Tierra "mejorada... a las generaciones venideras" en tanto los capitalistas detenten el poder estatal, posean y controlen los medios de producción y asignen los recursos humanos y naturales de la sociedad en base a una rivalidad a muerte para maximizar ganancias. En esas condiciones, el *conflicto* del trabajo con la naturaleza prevalecerá de manera creciente, y en algún momento de manera catastrófica, sobre su capacidad de transformar simbióticamente a la naturaleza. Así como el proletariado es la única fuerza social que puede detener la marcha inexorable del imperialismo hacia el fascismo y la guerra, la custodia de la naturaleza *también* recae sobre la clase trabajadora.

Hizo falta una masiva guerra revolucionaria en Estados Unidos para vencer la resistencia sangrienta de la esclavocracia, y un movimiento social revolucionario de reconstrucción tras la Guerra Civil para erradicar el sistema de "la propiedad privada de un hombre sobre otros hombres". Y hará falta una revolución socialista para derrocar el orden social destructivo que domina este país y el planeta: un orden social que las clases gobernantes capitalistas defenderán utilizando finalmente los métodos más brutales a su alcance. Es este programa y estrategia obrero revolucionario que el movimiento comunista pone en práctica en su trabajo de masas en la lucha de clases a nivel nacional e internacional, y que presenta y desarrolla, de maneras concretas y cambiantes, en el *Militante*, en *Nueva Internacional*, en libros y folletos de dirigentes revolucionarios alrededor del mundo, y al hacer campa-

35. Marx, *El capital* (México: Siglo XXI Editores, 1981), tomo III, vol. 8, pág. 987.

ña, agitación y propaganda socialista.

Nuestro objetivo es prevenir las consecuencias —de otra forma inevitables— de las operaciones mundiales del capital: para posibilitar, por primera vez en la historia, relaciones sociales que se basen en la solidaridad humana y que obren a favor de nuestra interacción y protección de las fuentes naturales de todo el bienestar y la cultura. Qué razón más poderosa para que los trabajadores, agricultores y jóvenes dediquen su vida y su futuro a impulsar la línea de marcha histórica de la clase trabajadora internacional. Qué razón más poderosa para sumarse a la construcción de un partido proletario capaz de dirigir a la clase trabajadora y sus aliados para hacer una revolución socialista.

Nueva Internacional

UNA REVISTA DE POLÍTICA Y TEORÍA MARXISTAS

NUEVA INTERNACIONAL Nº. 1

Los cañonazos iniciales de la Tercera Guerra Mundial: El ataque de Washington contra Iraq

JACK BARNES

El ataque asesino contra Iraq en 1990–91 anunció crecientes conflictos entre las potencias imperialistas, una mayor inestabilidad del capitalismo y más guerras. También incluye:
1945: Cuando las tropas norteamericanas dijeron '¡No!'
por Mary-Alice Waters
Lecciones de la guerra Irán-Iraq
por Samad Sharif
US$14. También en inglés, francés y persa.

NUEVA INTERNACIONAL Nº. 7

Nuestra política empieza con el mundo

JACK BARNES

Las enormes desigualdades entre los países imperialistas y semicoloniales, y entre las clases dentro de cada uno, son acentuadas por el mismo capitalismo. Para forjar partidos capaces de dirigir una exitosa lucha revolucionaria por el poder en nuestros propios países, los trabajadores de vanguardia debemos guiarnos por una estrategia para cerrar esta brecha. US$14. También en inglés, francés, persa y griego.

NUEVA INTERNACIONAL Nº. 5

El imperialismo norteamericano ha perdido la Guerra Fría

JACK BARNES

US$14. También en inglés, francés, persa y griego.

PATHFINDERPRESS.COM

LA TRANSFORMACIÓN DE LA NATURALEZA POR EL TRABAJO

El trabajo, la naturaleza y la evolución de la humanidad

La visión larga de la historia

FEDERICO ENGELS, CARLOS MARX
GEORGE NOVACK
MARY-ALICE WATERS

Sin comprender que el trabajo social, al transformar la naturaleza, ha impulsado la evolución de la humanidad durante millones de años, los trabajadores no podremos ver más allá de la época capitalista de explotación de clases que deforma todas las relaciones, ideas y valores humanos. Solo la conquista revolucionaria del poder estatal por la clase trabajadora podrá abrir la puerta a un mundo libre de la explotación capitalista, degradación de la naturaleza, subyugación de la mujer, racismo y guerras. Un mundo basado en la solidaridad humana. Un mundo socialista. US$12. También en inglés y francés.

El Manifiesto Comunista

CARLOS MARX Y FEDERICO ENGELS

El comunismo, según explican los dirigentes fundadores del movimiento obrero revolucionario, no es un conjunto de ideas o "principios" preconcebidos sino el camino de la clase obrera hacia el poder, que surge de un "movimiento que se desarrolla ante nuestros ojos". US$5. También en inglés, francés, persa y árabe.

Crítica del Programa de Gotha

CARLOS MARX

"El trabajo *no es la fuente* de toda riqueza. La *naturaleza* es la fuente de los valores de uso… ni más ni menos que el trabajo, que no es más que la manifestación de una fuerza natural, de la fuerza de trabajo del hombre". US$9

Thomas Sankara Speaks

The Burkina Faso Revolution, 1983–87

(Habla Thomas Sankara: La Revolución en Burkina Faso, 1983–87)

Bajo el liderazgo de Sankara, el gobierno revolucionario de Burkina Faso dirigió a los campesinos, trabajadores, mujeres y jóvenes a impulsar la alfabetización; cavar pozos; plantar árboles; construir viviendas; combatir la opresión de la mujer; realizar la reforma agraria; unirse con otros en África y a escala global para liberarse del yugo imperialista. En inglés y francés. US$20

El socialismo y el hombre en Cuba

ERNESTO CHE GUEVARA, FIDEL CASTRO

Uno de los documentos revolucionarios más profundos jamás escritos. "El hombre realmente alcanza su plena condición humana cuando produce sin la compulsión de la necesidad física de venderse como mercancía". —*Ernesto Che Guevara, 1965.* US$10.

El origen de la familia, la propiedad privada y el estado

FEDERICO ENGELS

El surgimiento de la sociedad dividida en clases dio origen a los cuerpos represivos del estado y a la opresión de la mujer, permitiendo que las clases dominantes puedan traspasar su riqueza y privilegios. Engels plantea las consecuencias para los trabajadores de estas instituciones de clase, desde sus formas originales hasta las versiones modernas. US$15. También en inglés y persa.

PARA DEJAR CLARO EL HISTORIAL SOBRE EL FASCISMO Y LA SEGUNDA GUERRA MUNDIAL

FORJANDO UNA FEDERACIÓN MUNDIAL DE LA JUVENTUD DEMOCRÁTICA QUE LUCHA CONTRA EL IMPERIALISMO Y LA GUERRA

Daily Worker 1945

HAYMAKER
August 11, 1945

THE OLD ONE-TWO August 10, 1945

— Between the Lines
The Super-Duper Week
by Joseph Starobin

Foe Warned of Bomb: Truman
Atomic Weapon Loosed After Rejection of Potsdam Terms
Daily Worker

An Editorial August 8, 1945

ATOMIC ENERGY has been harnessed for the first time in human history, and it's not easy to express in words what we are all feeling and thinking today. This twentieth century has surely produced the most remarkable rate of change in all scientific, social, and political relations.

Today, humanity must stand back from itself for a moment and look at what this unique animal—the human being—can accomplish!

American Labor Contributed Its Share in Creating Atombomb

2 French Communists Pioneered in Atomic Energy

Daily Worker, August 9, 1945
Hiroshima Erased, Says Foe

Daily Worker, August 10, 1945
Atombomb Blots Out Nagasaki

LEON TROTSKY MEMORIAL ISSUE

THE MILITANT
PUBLISHED IN THE INTERESTS OF THE WORKING PEOPLE

THERE IS NO PEACE!

Only World Socialism Can Save Mankind From Atomic Destruction In Another Imperialist War

Workers Of America! You Must Take Power Into Your Own Hands!

MANIFESTO

Dentro del movimiento obrero hubo respuestas rotundamente contrapuestas ante la aniquilación nuclear por el imperialismo norteamericano de cientos de miles de trabajadores japoneses y coreanos residentes en Hiroshima y Nagasaki en agosto de 1945.

ARRIBA: "Hiroshima borrada", alardea el *Daily Worker,* diario del Partido Comunista de EE. UU., al aplaudir la "semana fantástica" de los dos bombardeos nucleares. **ABAJO:** "¡No hay paz!", declaró el *Militant,* al señalar que ese crimen de guerra había suscitado repugnancia entre los trabajadores del mundo. Instó a los trabajadores en Estados Unidos a redoblar esfuerzos para organizar un partido socialista revolucionario.

INTRODUCCIÓN

La carta reproducida aquí fue remitida en abril de 2005 por la dirección nacional de la Juventud Socialista en Estados Unidos a los comités dirigentes que organizaban el XVI Festival Mundial de la Juventud y los Estudiantes. Ese encuentro internacional de jóvenes antiimperialistas, que aglutinó a unos 17 mil delegados de 144 países, se celebró en Caracas, Venezuela, del 7 al 15 de agosto de 2005.

Como explican los primeros párrafos, la carta se escribió en respuesta a una solicitud de que se discutiera propuestas alternas para el programa del festival. La Juventud Socialista argumentó en contra de la idea de convertir el último día del festival en actividades para conmemorar el 60 aniversario del final de la Segunda Guerra Mundial. Más bien, instó enérgicamente a que se organizara el programa de modo de mantener el enfoque del festival en la solidaridad con la lucha antiimperialista del pueblo venezolano.

Cuando los delegados se congregaron en Caracas cuatro meses después, fue lo que sucedió. El festival, que duró una semana, culminó en un Tribunal Antiimperialista cuya sesión final, ante la cual habló el presidente venezolano Hugo Chávez, atrajo a miles de participantes. Un foro simultáneo al otro extremo de la ciudad, titulado "1945–2005: 60 años después de la victoria antifascista de los pueblos: continuamos la lucha contra el imperialismo y la guerra", atrajo a unos centenares de personas.

La carta de la Juventud Socialista es de un interés más amplio por la claridad con la que separa "los mitos de la realidad acerca de las causas y el desenlace de la Segunda Guerra Mundial". Explica el carácter contradictorio de las múltiples guerras en una, contenidas en lo que se llama "Segunda Guerra Mundial", y señala las lecciones fundamentales de la lucha de clases en Estados Unidos durante esos años. Según describe la carta, estas fueron cuestiones sobre las cuales las dos corrientes más importantes en el movimiento obrero norteamericano, el Partido Socialista de los Trabajadores y el Partido Comunista, asumieron posiciones de clase diametralmente contrapuestas. La carta ofrece a los lectores de *Nueva Internacional* una introducción al comunismo versus estalinismo en el desarrollo de las batallas de clases que estuvieron en el seno de la Segunda Guerra Mundial.

Argiris Malapanis, Olympia Newton y Jacob Perasso redactaron la carta de la Juventud Socialista en colaboración con Steve Clark, miembro del Comité Nacional del Partido Socialista de los Trabajadores. Se publicó originalmente en el número del 23 de mayo de 2005 del *Militant*, junto con el artículo afín escrito por Clark, "Un ataque contra uno es un ataque contra todos", también reproducido aquí. En Caracas misma, muchos cientos de ejemplares del suplemento especial del *Militant* con la carta —en inglés, español y francés— fueron adquiridos por participantes en el festival con ansias de adentrarse en la verdadera historia de la lucha de clases durante la Segunda Guerra Mundial que tan a menudo se les había negado.

Mary-Alice Waters
Mayo de 2008

FOTOS: ARGIRIS MALAPANIS / MILITANTE

El Festival Juvenil Mundial de 2005 en Caracas, Venezuela, ofreció a miles de jóvenes que se oponen al imperialismo una oportunidad de compartir experiencias e intercambiar perspectivas sobre luchas sociales y políticas por todo el mundo.

ARRIBA: Miembros de la delegación estadounidense denuncian ataques de Washington contra Cuba y Venezuela. **ABAJO:** Unos 1 800 jóvenes integraron la delegación cubana en el festival de Caracas.

PARA DEJAR CLARO EL HISTORIAL SOBRE EL FASCISMO Y LA SEGUNDA GUERRA MUNDIAL

Forjando una Federación Mundial de la Juventud Democrática que lucha contra el imperialismo y la guerra

9 de abril de 2005
Nueva York

A LA FEDERACIÓN MUNDIAL DE LA JUVENTUD DEMOCRÁTICA Y AL COMITÉ PREPARATORIO NACIONAL DE VENEZUELA PARA EL XVI FESTIVAL MUNDIAL DE LA JUVENTUD Y LOS ESTUDIANTES

Estimados compañeros:

Esta carta es en respuesta a la suya de mediados de marzo, dirigida a todos los asociados al movimiento del festival, solicitándoles opiniones sobre las directrices del programa para el XVI Festival Mundial de la Juventud y los Estudiantes. Hemos señalado ya nuestro fuerte apoyo a otros aspectos del programa, pero sí queremos expresar unas palabras sobre la nueva propuesta contenida en esa carta, es decir, la propuesta de dedicar el 14 de agosto —el último día, por tanto el más prominente, de conferencias y seminarios políticos— al tema: "Victoria popular sobre el fascismo: 60 años después, continuamos la lucha contra el imperialismo y la guerra".

En la segunda Reunión Preparatoria Internacional celebrada en Hanoi en febrero, el Comité Preparatorio Nacional de Venezuela, comité anfitrión, propuso un programa en el que ese último día de conferencias del festival se dedicaría a Venezuela. Los delegados de la Juventud Comunista de Portugal, apoyados por varios delegados más de Europa, propusieron modificar ese programa combinando el tema de Venezuela con las actividades de clausura en el último día del festival. Varios delegados que hablaron (de la Liga de la Juventud Socialista de Japón, la Juventud Socialista de Nueva Zelanda y la Unión de Jóvenes Comunista de Cuba) expresaron sus inquietudes e indicaron que pensaban que la propuesta del CPN de Venezuela era más sólida. La propuesta de los compañeros portugueses no fue aprobada, sino que se aceptó para consideración futura.

Nosotros también estamos convencidos de que los objetivos del festival de Caracas —desarrollados en torno a su consigna: "¡Por la paz y la solidaridad, luchamos contra el imperialismo y la guerra!"— se cumplen mejor si se mantiene el Día 8 como una oportunidad para que el país anfitrión ofrezca a los delegados un sentido concreto de la lucha antiimperialista profundamente arraigada en ese país, cuya defensa ante las aceleradas amenazas de Washington se hace cada día más urgente. Al cambiar el nombre del tema del último día según se propone en la carta de marzo, se debilitaría el esfuerzo a nivel mundial de unificar a los sectores más amplios posibles de estudiantes y jóvenes en torno a las luchas muy reales que afrontamos hoy. Venezuela es un blanco especial de la trayectoria confrontacionista del imperialismo norteamericano, y esto plantea peligros adicionales para el pueblo de Cuba y de todo el continente americano. Al enfocar el último día de conferencias del festival en apoyar la soberanía nacional venezolana ante estas amenazas se haría una declaración política poderosa de todas las delegaciones al país anfitrión y al mundo.

Por estas razones esperamos que el programa revisado sea reconsiderado y que retornemos al programa que dedica el Día 8 a Venezuela.

❖

Es valioso, claro está, separar los mitos de la realidad acerca de las causas y el desenlace de la Segunda Guerra Mundial en el 60 aniversario de su fin. De no hacerlo, estamos desarmados frente a la campaña chovinista de las potencias imperialistas para impulsar hoy sus objetivos políticos y militares. Más aún, de no extraer las lecciones correctas de esta historia, estaremos condenados a repetir los errores que tan caro han costado a los trabajadores y agricultores del mundo. Hay varios puntos políticos que estamos desarrollando en foros públicos y otras reuniones en Estados Unidos que consideramos fundamentales a esta discusión.

Los aniversarios 60 de los llamados Día de la Victoria en Europa ("Día VE") y Día de la Victoria sobre Japón ("Día VJ") ya están siendo aprovechados por las clases dominantes en Estados Unidos y demás países imperialistas como oportunidad para una orgía de propaganda chovinista. De forma similar a lo que organizaron durante y después de las actividades del 50 aniversario una década atrás —usando espectáculos "patrióticos", documentales de televisión, películas como *Rescatando al soldado Ryan* y libros como el titulado con modestia *The Greatest Generation* (La más grande de las generaciones)— este año la clase dominante estadounidense está buscando justificar sus ataques contra Afganistán e Iraq y prepararse para guerras futuras al ondear la camisa ensangrentada[1] de "la victoria de la democracia sobre el fascismo" en 1945.

El "Comité del 60 Aniversario de la Segunda Guerra Mundial" del gobierno norteamericano, anunciado en 2004 por el subsecretario de defensa Paul Wolfowitz, está organizando y copatrocinando actividades por toda Norteamérica, Europa y el Pacífico para "familiarizar o volver a familiarizar a todos los americanos con la importancia de la Segunda Guerra Mundial para nuestra nación y el mundo". El plegable del comité califica la guerra como "el suceso decisivo del siglo XX", sostiene que "el legado perdurable de la Segunda Guerra Mundial se refleja en los rostros de quienes cumplieron servicio, las alianzas que se formaron, los numerosos avances tecnológicos..." —¡que se lo pregunten a la población de Hiroshima y de Nagasaki!— "... y el ascenso continuo de la reforma democrática por todo el mundo".

El comité anunció recientemente que durante el viaje a Europa del presidente George W. Bush del 6 al 10 de mayo, visitará el Cementerio Americano Holandés en Margraten para "rendir honor al sacrificio compartido de millones de americanos y europeos para derrotar a la tiranía y conmemorar el desarrollo de la democracia por todo el continente". El presidente Bush, observaron, también viajará a Moscú "para participar en otra ceremonia de conmemoración de la Segunda Guerra Mundial y reunirse con el presidente Putin. El presidente concluirá su viaje con una visita a Tbilisi, Georgia, para subrayar

1. La frase "ondear la camisa ensangrentada" en Estados Unidos significa un llamamiento demagógico destinado a avivar viejas enemistades políticas.

su apoyo a la democracia, la reforma histórica y la resolución pacífica de los conflictos".

Estas "conmemoraciones" organizadas por los imperialistas falsifican la historia. Encubren los crímenes perpetrados contra las mayores víctimas de la Segunda Guerra Mundial: los trabajadores y campesinos de la Unión Soviética, el pueblo trabajador en los países imperialistas tanto de la alianza de los Aliados como la del Eje, y los campesinos y trabajadores de todo el mundo colonial.

Los vencedores imperialistas, sobre todo Washington y Londres, le restan énfasis y al mismo tiempo intentan justificar su decisión —por primera vez en la guerra moderna— de llevar a cabo el sistemático asesinato en masa de poblaciones civiles, tanto en Alemania como en Japón, como un método de guerra "necesario" y "legítimo". La fuerza aérea británica atacó con bombas incendiarias Hamburgo y otras ciudades alemanas en 1943. Aviones estadounidenses y británicos hicieron lo mismo contra Dresde en 1945. En estos bombardeos, las fuerzas de los Aliados deliberadamente dirigieron sus ataques contra viviendas obreras, asfixiando o incinerando a varios cientos de miles de civiles alemanes. Los ataques con bombas incendiarias realizados por Washington contra Tokio, Osaka, Kobe y decenas de ciudades más en los primeros meses de 1945 mataron a más civiles japoneses que los masacrados en los posteriores horrores atómicos de Hiroshima y Nagasaki.[2]

(Washington aún no ha repetido su uso salvaje e inhumano de las armas nucleares, pero lo que se hizo contra las poblaciones de Dresde y de Tokio lo emuló en exten-

2. Ver "U.S. Firebombing of Tokyo in 1945 Killed 100,000" (Bombardeo incendiario a Tokio en 1945 mató a 100 mil), en el *Militant* del 28 de marzo de 2005.

sas partes de Corea y de Vietnam. Y los gobernantes estadounidenses, en el intento sangriento de aferrarse a su dominación, hoy están preparando unas fuerzas armadas "transformadas" para repetirlo de manera tan frecuente y "eficaz" como sea necesario).

Es imposible evaluar las causas de la Segunda Guerra Mundial, o sus consecuencias para los explotados y oprimidos de todo el mundo, sin reconocer que en realidad fueron tres guerras en una.[3]

1. Holocausto interimperialista para redividir el mundo

Primero, fue una matanza interimperialista: la segunda en un cuarto de siglo que se hizo por la redivisión y el despojo del mundo. La victoria en esa guerra por parte de Washington, Londres y sus aliados sobre Berlín, Tokio y Roma no hizo nada para debilitar, ya no se diga eliminar, el sistema mundial de opresión imperialista y explotación capitalista, que es el origen social de la marcha hacia la depresión, el fascismo y la guerra que la humanidad continúa enfrentando hasta el día de hoy. El capital financiero norteamericano utilizó la guerra para consolidar su posición, económica y militarmente,

3. Ver "World War II: Three Wars in One" (Segunda Guerra Mundial: tres guerras en una), por Dan Roberts, *International Socialist Review* del verano de 1959, del cual el *Militant* del 25 de abril de 2005 reprodujo extractos mayores. Ver también *El rostro cambiante del la política en Estados Unidos* (págs. 539–48) y *El desorden mundial del capitalismo* (págs. 137–39) por Jack Barnes; *El socialismo en el banquillo de los acusados* (págs. 77–110) y *The Socialist Workers Party in World War II* (El Partido Socialista de los Trabajadores en la Segunda Guerra Mundial, págs. 327–54) por James P. Cannon; y *En defensa del marxismo* (págs. 49–76) por León Trotsky, y *Writings of Leon Trotsky (1939–40)* (Escritos de León Trotsky, 1939–40, págs. 245–96). La editorial Pathfinder publica todos estos libros.

FOTOS: BIBLIOTECA DEL CONGRESO

La "guerra contra el fascismo" de Washington y Londres fue una guerra imperialista, librada con métodos destinados a infligir golpes devastadores contra el pueblo trabajador y los oprimidos dentro y fuera del país.

ARRIBA: Febrero de 1945: trabajadores en Dresde, Alemania, se disponen a enterrar a algunos de las decenas de miles de civiles incinerados en el bombardeo incendiario estadounidense y británico. **ABAJO:** Por orden del presidente norteamericano Franklin D. Roosevelt, más de 100 mil japoneses-americanos fueron reubicados forzosamente a campos de detención, a cientos de millas de sus hogares. En muchos casos sus casas, fincas y negocios fueron confiscados. La foto es del campamento de Manzanar al pie de la Sierra Nevada de California.

como la potencia imperialista dominante más poderosa (y, cabe añadir, la última) del mundo.

Dentro del movimiento obrero se plantearon perspectivas rotundamente opuestas respecto a esa segunda guerra interimperialista y su desenlace. El Partido Comunista y su grupo juvenil en Estados Unidos, por ejemplo, como sus partidos hermanos alrededor del mundo, apoyaron la guerra de Washington y acogieron el bombardeo atómico de Hiroshima y Nagasaki en agosto de 1945. Durante dos días consecutivos, el *Daily Worker* mostró caricaturas editoriales que celebraban los demoledores puñetazos que se les estaba asestando a los residentes de Hiroshima y Nagasaki y al pueblo de Japón. Celebraron "el viejo uno-dos", al referirse al bombardeo nuclear por parte de Washington y a la declaración de guerra de la Unión Soviética contra Japón ese mismo mes. Esos días de agosto anegados en sangre, según expresó en un titular el *Daily Worker*, fueron "La semana fantástica".

El Partido Socialista de los Trabajadores y los jóvenes socialistas se opusieron a los objetivos y esfuerzos de la guerra imperialista de Washington, y tuvieron una respuesta distinta frente a la aniquilación nuclear de la población de esas dos ciudades japonesas. El *Militant* denunció el crimen contra la humanidad, y su número del 18 de agosto de 1945 llevaba un encabezado que decía, "¡No hay paz!"[4] La exactitud de ese hecho histórico se ha visto confirmada en sangre desde el fin de la Segunda Guerra Mundial por guerras, intervenciones militares o golpes derechistas organizados por el imperialismo en Grecia, China, Filipinas,

---

4. "There Is No Peace!" (¡No hay paz!) es una declaración de agosto de 1945 del Comité Nacional del Partido Socialista de los Trabajadores. Se reprodujeron fragmentos mayores en el *Militant* del 11 de abril de 1945.

Corea, Laos, Vietnam, Camboya, Irán, Guatemala, Egipto, Cuba, Congo, Indonesia, República Dominicana, Líbano, Siria, Chile, Nicaragua, Granada, Panamá, Yugoslavia, Somalia, Haití, Afganistán e Iraq, solo para mencionar algunos de los casos más conocidos.

2. Defensa de la Unión Soviética

Segundo, la Segunda Guerra Mundial también abarcó una guerra histórica para defender a la Unión Soviética, para preservar la propiedad estatal, la planificación económica y las conquistas sociales conexas por las cuales pelearon y murieron los trabajadores y campesinos al hacer la Revolución Rusa dirigida por los bolcheviques en octubre de 1917. Esa revolución, al contrario de lo que alega falsamente el Departamento de Defensa de Estados Unidos sobre su victoria en la Segunda Guerra Mundial, fue realmente “el suceso decisivo del siglo XX”. Cambió la correlación de fuerzas de clases a escala mundial. La victoria del Ejército Rojo en Stalingrado a comienzos de 1943 sobre las fuerzas invasoras del imperialismo alemán —al costo de la vida de cerca de un millón de soldados y civiles soviéticos— fue un punto culminante no solo en la lucha para defender a la URSS, sino en la lucha contra la opresión y dominación imperialista a nivel mundial.

En los años que precedieron a la Segunda Guerra Mundial, el capitalismo estadounidense enfrentó la decisión de si intentar aplastar al estado obrero soviético o bien antes o bien después de establecer su dominio sobre sus rivales imperialistas en Europa y Asia. El imperialismo norteamericano y el británico decidieron enfrentarse primero contra Berlín y Tokio, seguros de que la Unión Soviética quedaría tan devastada por la invasión imperialista alemana que se podría tumbar en las secuelas de la guerra. Una vez derrotado el Eje, Washington, Londres y demás potencias imperialistas perdieron poco tiempo en lanzar una cruzada global contra el "comunismo" a nivel nacional e internacional. Uno de sus objetivos centrales era el de echar atrás la Revolución de Octubre y restaurar el dominio de las relaciones sociales capitalistas en toda la URSS. Esto se manifestó en la rapidez con que la clase dominante estadounidense, entre 1945 y 1947, pasó de una alianza con la Unión Soviética al desarrollo escalado de una maquinaria militar que para finales de los años 50 estaba dotada de suficiente capacidad nuclear para matar a la humanidad múltiples veces.[5]

Los trabajadores y agricultores soviéticos lograron defender sus conquistas a pesar de que se había revertido el internacionalismo proletario de los bolcheviques en los años después de que Lenin en 1923 quedara incapacitado por un derrame cerebral. La sangrienta consolidación del régimen burocrático de José Stalin, y sus interesadas políticas nacionalistas rusas, corroyeron las bases del estado obrero soviético y desmoralizaron a la vanguardia de la clase trabajadora a nivel internacional (llevando finalmente al colapso de los aparatos estalinistas por toda Europa oriental y central y en la URSS misma entre 1989 y 1991). La trayectoria ultraizquierdista del "Tercer Período", impuesta por Moscú, que el Partido Comunista alemán llevó a cabo a comienzos de los años 30 —de negarse a luchar por la unidad obrera, por un frente único con el Partido Social Demócrata para derrotar el ascenso del nazismo— entrampó a los

5. Ver *El desorden mundial del capitalismo* (págs. 134–45) y "La tercera campaña de militarización de Washington" por Mary-Alice Waters en *Nueva Internacional* no. 1.

trabajadores ante el desastroso ascenso del movimiento nacional socialista de Hitler en 1933. El régimen nazi se implantó sin que el movimiento obrero disparara un solo tiro.

El posterior bandazo que Stalin dio al imponerles la estrategia del Frente Popular a los Partidos Comunistas en toda Europa y a nivel mundial —subordinando los intereses de clase y la organización del movimiento obrero y de sus aliados a las alianzas programáticas y hasta gubernamentales con partidos imperialistas considerados "antifascistas" o favorables hacia las necesidades diplomáticas coyunturales de Moscú— puso fin a las posibilidades revolucionarias en Francia y España, dio paso allí a regímenes fascistas e hizo inevitable así el comienzo de una segunda matanza interimperialista —más devastadora aún— para finales de los años 30.[6] Esta política del Frente Popular, según se le llamó, a menudo se asocia al nombre de Georgi Dimitrov, quien presentó el informe correspondiente aprobado por el congreso de la Internacional Comunista en 1935.

Estos obstáculos a la defensa de la Unión Soviética se vieron multiplicados por los juicios y las ejecuciones del alto mando del Ejército Rojo durante los procesos amaña-

---

6. Para leer más sobre las derrotas históricas de la clase obrera que fueron resultado del ultraizquierdismo de la Comintern bajo la dirección de Stalin, y de su posterior viraje abrupto al frentepopulismo, ver *Fascism: What It Is and How to Fight It* (El fascismo: qué es y cómo combatirlo) por León Trotsky, así como "Once Again on the Causes of the Defeat in Spain" (De nuevo sobre las causas de la derrota en España) en *The Spanish Revolution (1931–39)* (La revolución española, 1931–39), ambos publicados por Pathfinder. En español ver "Las causas de la derrota de la revolución española", en Trotsky, *España 1938–39* (Madrid: AKAL Editor, 1978).

dos de Moscú a finales de los años 30.[7] A la decapitación de las fuerzas armadas de la Unión Soviética, en que se depuraron decenas de miles de oficiales, siguieron las consecuencias políticas desmoralizantes y desmovilizadoras del Pacto Stalin-Hitler firmado en agosto de 1939, incluyendo la negativa de Stalin a reconocer los preparativos de Berlín para invadir a la URSS hasta mucho después de que las divisiones Panzer de la Wehrmacht se abrieran paso al cruzar sus fronteras en junio de 1941.

No fue sino hasta la victoria de 1959 de los trabajadores y campesinos cubanos sobre la dictadura batistiana apoyada por Washington que llegó al poder nuevamente una dirección internacionalista revolucionaria, una dirección que reconocía que la defensa de las conquistas de los trabajadores y agricultores no solo depende de su conciencia política, su disposición militar y su movilización armada, sino que está vinculada inseparablemente al avance de las luchas revolucionarias de los oprimidos y explotados del mundo. Como explicó el programa del Partido Comunista de Cuba, aprobado en su primer congreso en 1975, la defensa de las conquistas revolucionarias del pueblo cubano comienza con "la subordinación…

7. Durante toda la década de 1930, el régimen estalinista en Moscú organizó el asesinato sistemático de revolucionarios no solo en la Unión Soviética sino en España y otros países por toda Europa, culminando con el asesinato del dirigente bolchevique León Trotsky en México en agosto de 1940. Así silenció las voces de aquellos que presentaban una trayectoria comunista en torno a las cuestiones planteadas en la carta reproducida aquí, cuando el movimiento obrero aún disponía de tiempo para hacer algo para cambiar el rumbo y poner fin a las políticas desastrosas que llevaron a una derrota tras otra, hicieron inevitable el inicio de la Segunda Guerra Mundial e impidieron la aplicación de una línea de marcha revolucionaria durante la guerra.

de los intereses de Cuba a los intereses generales de la lucha por el socialismo y el comunismo, de la liberación nacional, la derrota del imperialismo y la eliminación del colonialismo, el neocolonialismo y toda forma de explotación y discriminación". Esa es la política que los revolucionarios cubanos han seguido, desde Vietnam hasta el Medio Oriente y África austral, desde Granada y Nicaragua hasta Venezuela y otros países en la actualidad.

3. Revoluciones anticoloniales

Tercero, dentro del marco de lo que generalmente se llama la "Segunda Guerra Mundial" estuvieron las guerras de liberación nacional de los pueblos coloniales que estallaron por toda Asia, el Medio Oriente, África, el continente americano y Europa misma. Entre estas luchas de liberación nacional, la principal fue la resistencia del pueblo de China por casi una década contra la ocupación por parte de Japón imperial. Fue una lucha de tal envergadura y tanta sangre que hoy siguen ardiendo las protestas para exigir de Tokio una disculpa pública, justicia e indemnización.

Sin embargo, otros pueblos coloniales también aprovecharon el conflicto entre sus respectivos amos imperialistas (tanto del bloque del Eje como del de los Aliados) para impulsar sus batallas por la soberanía nacional, la independencia, la redistribución de la tierra y los derechos de los trabajadores. Al acercarse la guerra a su final, estos movimientos se vieron fortalecidos e inspirados también por la victoria de la Unión Soviética.

Especialmente donde los esclavistas imperialistas eran de las potencias aliadas (así era en la gran mayoría de los casos) los combatientes libertarios impulsaron su batalla contra la dominación colonial o neocolonial a pesar de las acusaciones —inspiradas tanto por los colonizadores imperialistas como por el gobierno soviético y sus adeptos políticos— de que ellos estaban "dividiendo" y "saboteando" la lucha contra el fascismo. Los independentistas en India continuaron sus movilizaciones contra el régimen colonial británico durante toda la guerra, como hicieron las fuerzas indonesias que combatían a sus amos holandeses. Los nacionalistas puertorriqueños, los republicanos irlandeses y los independentistas quebequenses rehusaron la conscripción para ser carne de cañón en los ejércitos de sus opresores.[8]

Durante la guerra, se dividieron los gobiernos neocoloniales por toda América. La mayoría, incluidos los regímenes de Fulgencio Batista en Cuba, Anastasio Somoza en Nicaragua y Getulio Vargas en Brasil, apoyaron a las fuerzas aliadas. Otros, por lo menos en los primeros años de la guerra, se mantuvieron "neutrales" por simpatía con el Eje, entre ellos los gobiernos de Argentina, Bolivia y Paraguay.

Después de la guerra, tras la derrota de los ocupadores japoneses, las fuerzas de liberación nacional en Indochina e Indonesia continuaron la lucha para expulsar a los "Aliados victoriosos", los gobiernos francés y holandés, que buscaban reimponer el dominio colonial. El pueblo chino, una quinta parte de la humanidad, llevó

8. Ver *50 años de guerra encubierta: el FBI contra los derechos democráticos* por Larry Seigle (especialmente las págs. 53–54), publicado por Pathfinder. Ver también "The Struggle in India" (La lucha en India) en *Fighting Racism in World War II* (La lucha contra el racismo en la Segunda Guerra Mundial, págs. 268–74); *El rostro cambiante de la política en Estados Unidos* (págs. 543–44); *The Socialist Workers Party in World War II* (págs. 352–53); y *Writings of Leon Trotsky (1939–40)* (págs. 272–73, 280–82). En español ver Trotsky, *Escritos 1939–40* (Bogotá: Editorial Pluma, 1978; tomo XI, vol. 2, págs. 277–83, 289–91).

BIBLIOTECA DEL CONGRESO

A pesar de los llamados al "patriotismo" y a subordinar sus luchas al "esfuerzo bélico", al prolongarse la Segunda Guerra Mundial, trabajadores en Estados Unidos —y por todo el mundo— siguieron combatiendo a sus "propios" explotadores y opresores imperialistas.

ARRIBA: Mineros del carbón en huelga en Pennsylvania, enero de 1943. Ellos desafiaron las calumnias del Partido Comunista y las amenazas de la administración Roosevelt de utilizar el ejército como rompehuelgas. **CENTRO:** Una marcha en Washington pro derechos de los negros, proyectada para mediados de 1943, recibió apoyo entusiasta antes de ser cancelada bajo intensa presión del gobierno. Preguntando, "¿Por qué debemos marchar?", el volante dice, "¡Millones de americanos negros por todo este gran país reclamamos el derecho a ser libres!" **ABAJO:** Marchas masivas en India en 1942 exigieron la independencia contra los amos coloniales británicos.

a cabo una poderosa revolución y, en el transcurso de la guerra de Corea a principios de los años 50, derrocó el dominio de los latifundistas y capitalistas por todo el país. Cabe señalar que las enormes manifestaciones de soldados norteamericanos por toda Asia y Europa a fines de 1945 y principios de 1946 que reclamaban "¡Que nos regresen a casa!", frenaron los planes de posguerra de la clase dominante estadounidense de usar estas tropas para intervenir contra los pueblos coloniales en China y otras partes de Asia, contra los trabajadores europeos y también dentro de Estados Unidos contra la ola de huelgas que al mismo tiempo se extendía por el país.[9]

A principios de los años 50, el pueblo coreano, habiendo librado su tierra de la odiada bota de Tokio, combatió a Washington hasta un punto muerto y liberó la mitad de su país de la dominación imperialista. En 1954 nació el Frente de Liberación Nacional, dirigido por argelinos que habían pasado por la escuela de guerra como soldados "franceses" en la Segunda Guerra Mundial. Y la masiva lucha que los afroamericanos en Estados Unidos libraron por décadas contra el atrincherado sistema Jim Crow de segregación fue hermana de sangre de estas luchas *dentro* del propio coloso imperialista estadounidense. Desde finales de los años 50 hasta mediados de los 70, un país tras otro en el continente africano —de Tanzania a Argelia, el Congo, Mozambique y decenas más— ganaron su independencia política de Londres, París, Bruselas y Lisboa. Durante ese mismo período, Guyana, Trinidad, Barbados, Surinam y otras colonias británicas y holandesas en el Caribe también ganaron su independencia.

9. Ver "1945: Cuando las tropas norteamericanas dijeron 'No'", por Mary-Alice Waters, en *Nueva Internacional* no. 1 (págs. 409–42).

En los primeros días de 1959, dando un paso de gigante para la humanidad popular, Cuba se convirtió en "el primer territorio libre de América". El triunfo del Ejército Rebelde junto a una huelga general política y un levantamiento por toda la isla abrieron las puertas a la revolución socialista en el Hemisferio Occidental y dieron un impulso a las luchas revolucionarias de los trabajadores y campesinos por todo el Caribe y Centro y Sudamérica. Y tras la derrota en 1988 de las fuerzas invasoras del apartheid en Angola, propinada en Cuito Cuanavale con la ayuda decisiva de los voluntarios internacionalistas cubanos, Namibia ganó su libertad en 1990, y en 1994 se tumbó el sistema de supremacía blanca en Sudáfrica misma.

Estas luchas de liberación nacional contra las potencias imperialistas tanto del Eje como de los Aliados, que comenzaron a acelerarse en medio de la Segunda Guerra Mundial y que tras la guerra se extendieron explosivamente, han sido la fuerza motriz más poderosa del movimiento revolucionario mundial desde la segunda mitad del siglo XX, lo cual es una confirmación del foco antiimperialista en torno al cual están unidas las fuerzas que impulsan el festival juvenil mundial en Caracas.

¡Un ataque contra uno es un ataque contra todos!

La lucha de clases en Estados Unidos durante la Segunda Guerra Mundial es uno de los capítulos más ricos en lecciones para el pueblo trabajador y los oprimidos. A medida que la clase dominante norteamericana fue incrementando su esfuerzo bélico, dirigió sus ataques contra los derechos constitucionales y el espacio para la acción política del movimiento obrero, los comunistas, los negros y otras nacionalidades oprimidas, los independentistas puertorriqueños, los japoneses-americanos y otros más.

Cuando sectores de los explotados y oprimidos continuaron impulsando sus reivindicaciones durante la guerra, el Partido Comunista en Estados Unidos se opuso pública y enérgicamente a sus esfuerzos, como también se opusieron los que estaban influenciados por la línea del Frente Popular del PC, que consistía en subordinar las luchas del pueblo trabajador a favor de apoyar al gobierno imperialista norteamericano en la guerra. A los que rehusaban simplemente arrodillarse se les tildaba de "divisionistas", "apaciguadores", "desbaratadores" y a menudo se les acusaba directamente de ser "agentes de Hitler y del Mikado".

• El 8 de diciembre de 1941, 18 dirigentes del Local 544-CIO de Minneapolis y del Partido Socialista de los Trabajadores fueron declarados culpables en un tribunal federal y sentenciados a penas que oscilaban entre 12 y 16 meses de cárcel, bajo cargos fabricados de "conspirar para propugnar el derrocamiento del gobierno de Estados Unidos". Fueron las primeras condenas bajo la notoria Ley Smith —la "Ley de la Mordaza"— que acababa de promulgar el presidente Franklin Delano Roosevelt. El objetivo de las imputaciones de cargos y del juicio era quebrantar a la vanguardia de lucha de clases del movimiento obrero que dirigía la oposición a los preparativos de Washington para arrastrar a los trabajadores y agricultores a la matanza imperialista de la Segunda Guerra Mundial.

A pesar de que la Ley Smith iba dirigida contra todo el movimiento obrero, y en especial contra los comunistas y socialistas, el Partido Comunista usó su prensa y sus tribunas para instar a todos a los que podía influenciar a que apoyaran el caso fabricado del gobierno, alegando que los dirigentes del Local 544 y del PST, con "su trabajo quintacolumnista al servicio del hitlerismo", estaban "sembrando la desunión entre las filas del movimiento obrero". El PC llegó al extremo de preparar pruebas para los fiscales federales; envió un expediente al Departamento de Justicia titulado "El papel quintacolumnista de los trotskistas en Estados Unidos".[10] Ocho años después, 11 dirigentes del propio Partido Comunista fueron declarados culpables bajo esa misma Ley Smith; en su mayoría fueron encerrados en prisiones federales bajo cargos falsos por cinco años. El Partido Socialista de los Trabajadores libró una campaña activa para defenderlos, informando sobre el juicio con regularidad en las páginas del *Militant.*

- En un intento de debilitar el movimiento sindical industrial en ascenso, Washington impuso un congelamiento de salarios durante la guerra y logró de los funcionarios sindicales colaboracionistas de clases una promesa de no hacer huelgas; estos se volcaron de lleno en el esfuerzo bélico imperialista de la clase patronal. En 1943, desafiando estas medidas antisindicales, los miembros del Sindicato Unido de Mineros de América (UMWA), cuyo presidente era John L. Lewis, salieron en huelga contra los intentos de los patrones del carbón de prolongar las horas y congelar los salarios.

Cuando la administración Roosevelt amenazó con mandar tropas a romper la huelga, los mineros respondieron: "¡No se puede extraer carbón con bayonetas!" El Partido Comunista, a través del *Daily Worker,* no solo se opuso a la huelga del UMWA sino que llamó a la "derro-

---

10. Ver "Anatomía de un caso fabricado" en *Burocracia Teamster* por Farrell Dobbs (págs. 255–76, 345–70) y *50 años de guerra encubierta* (págs. 67–76, 80–86). Ver también el artículo complementario de Steve Clark en la presente edición (págs. 247–54).

ta total" de la "línea de Lewis" de desafiar la promesa de no hacer huelgas.[11] Sin embargo, los mineros ganaron, preparando el terreno para la ola de huelgas que estalló en 1945 y 1946.[12]

• El gobierno federal resistió y buscó socavar el Movimiento por la Marcha a Washington, que durante todos los años de la guerra organizó actividades contra la segregación racial Jim Crow en las fuerzas armadas, contra la discriminación racista en las industrias de municiones y en la sociedad en general, y contra la negativa de la administración Roosevelt de presentar en el Congreso leyes federales contra los linchamientos. El Partido Comunista se opuso al Movimiento por la Marcha a Washington. Benjamin Davis, dirigente del PC, insistió en 1942 que "la victoria en esta guerra es *el problema primordial* ante el pueblo negro". Davis alegó que los dirigentes del movimiento obraban "en perjuicio de la guerra y de los mejores intereses de los negros", explotando las "justas demandas del pueblo negro".[13]

En noviembre de 1942, las autoridades postales de

---

11. Ver *50 años de guerra encubierta* (especialmente las págs. 57–58, 67).

12. Cuando los mineros del UMWA amenazaron con salir nuevamente en huelga al principio de la gran ola de huelgas en 1945, el *Daily Worker* dijo en su edición del 12 de marzo: "Los mineros del carbón tendrán que aprender esta lección amarga: que mientras permitan que en nombre suyo John L. Lewis sabotee la gesta bélica, los dirija a huelgas en los momentos culminantes de la guerra, libre una guerra civil contra el Presidente y conspire para derrotar la política exterior de América, sufrirán condiciones salariales y laborales deficientes".

13. Ver *Fighting Racism in World War II* (págs. 238–40).

Estados Unidos comenzaron a suspender la entrega por correo de las ediciones del *Militant.* En marzo de 1943 el director general de correos revocó los derechos de envío por segunda clase del *Militant* bajo el pretexto, entre otros, de que sus artículos incluían "la estimulación de cuestiones de raza" en tiempos de guerra. El Partido Comunista apoyó la revocación de estos derechos de envío postal.[14]

- Varios años antes de la guerra, el gobierno norteamericano encarceló a Pedro Albizu Campos y a otros dirigentes del Partido Nacionalista de Puerto Rico bajo cargos fabricados de conspirar para derrocar al gobierno y de "incitar a la rebelión" contra Estados Unidos. Decenas de puertorriqueños también fueron encarcelados por resistir la conscripción en tiempos de guerra. Albizu Campos y los demás dirigentes nacionalistas rechazaron la "oferta" degradante de ser excarcelados si suspendían las actividades independentistas durante la guerra.

Al organizarse esta resistencia tanto en la isla como en Estados Unidos, el Partido Comunista instó públicamente a los luchadores puertorriqueños a que suspendieran la lucha independentista durante la guerra, cumplieran con la conscripción para impulsar los esfuerzos militares de Washington y —en palabras de Earl Browder, dirigente del PC— cesaran su "hostilidad intransigente e irrazonable hacia Estados Unidos".[15] (El PC y sus parti-

14. Ver *50 años de guerra encubierta* (págs. 51–54), *Fighting Racism in World War II* (págs. 298–308) y *Burocracia Teamster* (págs. 398–402).

15. Earl Browder, *Teheran: Our Path in War and Peace* (Teherán: nuestro camino en la guerra y la paz; Nueva York: International Publishers, 1944), págs. 57–58. Ver también *50 años de guerra encubierta* (págs. 41–42); Oscar Collazo, *Memorias de un patriota*

dos hermanos en el Reino Unido, Canadá y otros países asumieron la misma posición hacia la resistencia de los independentistas irlandeses y quebequenses durante la guerra).

• En 1942 el gobierno norteamericano detuvo a 112 mil japoneses-americanos residentes en la Costa Oeste y los encerró en campos de concentración cercados por alambrado de púas durante gran parte de la guerra. Al ser puestos en libertad, miles se enteraron que sus tierras, herramientas y en muchos casos hasta sus casas habían sido confiscadas y vendidas a nuevos dueños que no eran japoneses-americanos.

Ya, tras el bombardeo de Pearl Harbor por Tokio, el Partido Comunista había desinscrito a sus miembros japoneses-americanos, diciendo que "el Partido era el mejor lugar para que se escondiera cualquier quintacolumnista japonés, y no queremos correr riesgo alguno".[16] Cuando Roosevelt emitió su Orden Ejecutiva 9066, que estable-

---

encarcelado (Fundación Francisco Manrique Cabrera: San Juan, 2000), págs. 233, 246; A.G. Quintero Rivera, *La lucha obrera en Puerto Rico* (CEREP: San Juan, 1972); Carlos Rodríguez-Fratricelli, "Pedro Albizu Campos: Strategies of Struggle and Strategic Struggles" (Pedro Albizu Campos: estrategias de lucha y luchas estratégicas) en *Puerto Rican History and Politics*, invierno 1991–92, págs. 29–30; y la biografía de Pedro Albizu Campos por Marisa Rosado, *Las llamas de la aurora*, (San Juan, Puerto Rico, 1998).

16. Ver Karl Yoneda, Resolución al Congreso del Distrito Norte de California del Partido Comunista de Estados Unidos, 29–30 de enero de 1972. Citado en "American Concentration Camps: Racism and Japanese-Americans during World War II" (Campos de concentración norteamericanos: el racismo y los japoneses-americanos durante la Segunda Guerra Mundial), por Patti Iiyama, en el *International Socialist Review*, abril de 1973; reproducido en el *Militant* del 18 de abril de 2005.

ció los campos de concentración, el PC la aplaudió como "un programa sensato" y ordenó que sus ex miembros no solo se personaran pacíficamente a los campos, sino que llevaran a otros a hacer lo mismo, como su aporte al esfuerzo bélico.

El Partido Socialista de los Trabajadores desde el principio condenó los campos como una violación de los derechos de los japoneses-americanos, por "expulsarlos de sus hogares" y "aterrorizarlos". La orden ejecutiva federal, dijo el PST, era "una caza de brujas indiscriminada y brutal… con el carácter de un pogromo racial".[17]

Como demuestran estos ejemplos —y hay muchos más, demasiado numerosos para relatar— nunca antes o desde entonces ha existido una necesidad más apremiante que durante la Segunda Guerra Mundial de reivindicar y poner en práctica la histórica consigna de combate del movimiento obrero: "¡Un ataque contra uno es un ataque contra todos!"

❖

Entre las muchas fuerzas a nivel mundial que están unidas en torno a los objetivos antiimperialistas del XVI Festival Mundial de la Juventud y los Estudiantes en Caracas, indudablemente existe una amplia gama de criterios sobre lo que se puede (y *no* se puede) conmemorar, ya no digamos celebrar, en el 60 aniversario del fin de la Segunda Guerra Mundial. No esperamos que todos los que promueven el festival adopten nuestras opiniones.

---

17. Iiyama, "American Concentration Camps". Ver también los comentarios del veterano abogado general del Partido Comunista, John Abt, en el artículo de Steve Clark que acompaña esta carta.

Sin embargo, estamos convencidos de que todo intento de imponerle al movimiento en su conjunto una determinada evaluación de estas cuestiones históricas causa división y desunión en la promoción del festival y en la trayectoria intransigente e incondicionalmente antiimperialista que todos hemos votado por situar al centro de esta labor.

A tono con la consigna del festival de Caracas, mantenemos nuestra firme opinión de que lo mejor sería concluir las discusiones ahí el Día 8 uniendo a los participantes en torno a actividades en defensa de la soberanía nacional de Venezuela frente a las crecientes amenazas del imperialismo norteamericano.

Instamos a nuestra reunión en Portugal a que vuelva al programa original propuesto en la reunión de Hanoi.

Fraternalmente,
Argiris Malapanis
Olympia Newton
Jacob Perasso
Juventud Socialista

cc: Unión de Jóvenes Comunistas de Cuba

'UN ATAQUE CONTRA UNO ES UN ATAQUE CONTRA TODOS' UN CURSO DIGNO DE DEFENDER EN EL MOVIMIENTO OBRERO

por Steve Clark

"NO FUE SINO HASTA 1949, con los primeros encausamientos contra el Partido Comunista bajo la Ley Smith, que leí los documentos contra los trotskistas de Minnesota y vi que los casos judiciales contra las dos organizaciones eran prácticamente idénticos", escribió John Abt en su autobiografía de 1993, *Advocate and Activist: Memoirs of an American Communist Lawyer* (Defensor y activista: memorias de un abogado comunista americano).[18] "Los comunistas habíamos cometido un error terrible al no defender al PST".

Durante mucho tiempo Abt fue el principal asesor legal del Partido Comunista de Estados Unidos, así como cuadro del PC desde la década de 1930. En su libro comentaba sobre el curso político que el PC siguió respecto al caso fabricado por el gobierno federal en 1941, en base a cargos de conspirar "para propugnar el derrocamiento del gobierno estadounidense", contra dirigentes del

18. John Abt, *Advocate and Activist: Memoirs of an American Communist Lawyer* (Urbana and Chicago: University of Illinois Press, 1993), págs. 88–90.

Empleando la Ley Smith "de la mordaza" de 1940 por primera vez, en 1941 la administración del presidente Franklin Roosevelt fabricó cargos y declaró culpables a 18 dirigentes del Local 544-CIO del sindicato de camioneros en Minneapolis y del Partido Socialista de los Trabajadores. Su "crimen" fue oponerse a la campaña de Washington y de la burocracia sindical para organizar al movimiento obrero en apoyo a los objetivos bélicos imperialistas de Washington.

Workers of the World, Unite!

THE MILITANT

PUBLISHED WEEKLY IN THE INTERESTS OF THE WORKING PEOPLE

NEW YORK, N. Y., MONDAY JANUARY 24, 1949 — PRICE: FIVE CENTS

The "Fair Deal" Pie

Trial of C.P. Threatens All Labor's Rights

NMU Meeting Gives Setback to Purge Methods

Undemocratic Acts Rouse Apprehension

Atmosphere of Police Terror Marks Thought-Control Case

By Farrell Dobbs

Full Support for Kutcher At Conn. CIO Convention

ARRIBA: Los 18 de Minneapolis se presentan a alguaciles federales para comenzar a cumplir sus condenas, diciembre de 1943. El Partido Comunista apoyó —y sus dirigentes ayudaron— a los fiscales federales en el caso de Minneapolis. **ABAJO:** En 1949 el propio PC fue víctima de la Ley Smith. El Partido Socialista de los Trabajadores salió a la defensa del PC. Farrell Dobbs —un dirigente del PST y ex acusado en Minneapolis que había cumplido más de un año en la Penitenciaría Federal de Sandstone en el norte de Minnesota— informó día a día sobre el juicio de los dirigentes del PC para el *Militant*. El titular dice, "Juicio al PC amenaza derechos de todo el movimiento obrero".

Local 544-CIO de Minneapolis —dirigentes de la gran campaña de sindicalización por carretera que transformó a los Teamsters en un poderoso sindicato organizado sobre una base industrial— y del Partido Socialista de los Trabajadores.

Dieciocho dirigentes sindicales y del PST fueron declarados culpables —las primeras condenas bajo la notoria Ley Smith "de la mordaza"— y sentenciados a penas que variaban entre 12 y 16 meses de prisión. Para el gobierno norteamericano, su verdadero crimen era el hacer campaña en el movimiento sindical para promover oposición a los intentos de Washington de movilizar al pueblo trabajador a favor de sus esfuerzos bélicos imperialistas en la Segunda Guerra Mundial.

Abt no cuestiona la posición de "apoyo incondicional" del Partido Comunista a esa matanza interimperialista. "Era incuestionablemente, tanto entonces como desde una óptica retrospectiva, la política correcta", dice. El PC "desempeñó un papel honroso al movilizar apoyo público a favor de la causa antifascista y para derrotar a los detractores procedentes de la Derecha.

"Sin embargo", añade Abt, "también hay que reconocer que nuestro entusiasmo hacía que viéramos las cosas con anteojeras. En 1941 el gobierno federal inició una causa judicial contra un grupo de trotskistas que militaban en el sindicato Teamsters en Minneapolis. Los acusaron de violar la Ley Smith, una ley poco conocida y que hasta entonces no se había usado, que prohibía la 'conspiración para enseñar o propugnar el derrocamiento del gobierno de Estados Unidos' por la fuerza y la violencia".

La campaña de defensa para impedir las condenas y luego para liberar a los dirigentes encarcelados, ganó un amplio margen de apoyo en el movimiento obrero en Estados Unidos y en otros países. Pero nada más que oposición —y calumnias— del Partido Comunista.

Ante este caso fabricado antiobrero, dice Abt, el PC "guardó silencio, mientras que dirigentes individuales hablaban de una 'quinta columna' que operaba en las Ciudades Gemelas. En aquel entonces, acepté la valoración que el Partido hacía del caso, pero le presté muy poca atención y no leí los documentos judiciales, los expedientes, las opiniones y las apelaciones. Nunca nos imaginamos que en el período de la posguerra la Ley Smith sería la principal arma judicial para atacar a nuestro Partido y encarcelar a sus dirigentes".

ABT RECUERDA QUE "muchos años después, en los años 80, yo estaba reunido con el consejo nacional del PC de Estados Unidos; se estaba discutiendo una solicitud del PST de que lo apoyaran en su demanda judicial contra el gobierno por acoso político.[19] Yo me referí al error del Partido en el caso de 1941 y dije que los que ahora se oponían a apoyar la demanda del PST estaban repitiendo el mismo error".

"Un veterano dirigente del Partido en Michigan respondió: 'Ah, eso fue completamente diferente. Ellos estaban interfiriendo con el esfuerzo bélico'.

---

19. La importancia de la victoria de 1987 en la batalla judicial de 14 años del PST contra el FBI, la CIA y otras agencias espías gubernamentales se describe en *50 años de guerra encubierta: en EE.UU. : La policía política de Washington y la clase obrera norteamericana* (Pathfinder, 2014). Se publican extractos del testimonio de dirigentes del PST, así como la decisión de 1986 del tribunal federal, en *FBI on Trial: The Victory in the Socialist Workers Party Suit against Government Spying* (El proceso contra el FBI: la victoria en la demanda del Partido Socialista de los Trabajadores contra el espionaje gubernamental: Pathfinder, 1988).

"Triunfó el dogma", dice Abt, "y el Partido de nuevo se negó a defender al PST contra el acoso del gobierno.

"El Partido nunca se ha hecho una autocrítica —supuestamente el correctivo leninista— por ese episodio, ni por ninguna otra política indigna que defendimos, como por ejemplo el apoyo a los campos de reubicación para los japoneses-americanos, en medio de nuestra pasión a favor del esfuerzo bélico antifascista".

¿Cuán precisa es la memoria de Abt de que el Partido Comunista "guardó silencio" sobre el juicio de 1941 por la Ley Smith, "mientras que dirigentes individuales hablaban de una 'quinta columna'"? Un relato en 1975 de otro veterano partidario del PC confirma que Abt, cuando menos, es culpable de una memoria selectiva e interesada.[20]

Phillip J. Jaffe, ex secretario nacional del Consejo Nacional de la Amistad Americano-Soviética, describe con detalles los documentos que el Partido Comunista entregó a la policía en 1941 para ayudar con el procesamiento judicial de los dirigentes sindicales y del PST. Jaffe informa que a finales de los años 50, Earl Browder, secretario general del Partido Comunista al momento del caso fabricado de Minneapolis, le dio una copia del expediente completo que los principales dirigentes del PC habían preparado para el Departamento de Justicia estadounidense.

Jaffe comienza por describir la campaña pública del Partido Comunista de aplaudir los encausamientos federales. El *Daily Worker* inmediatamente publicó un artículo que declaraba: "Los dirigentes de la organización trotskis-

---

20. Philip J. Jaffe, *The Rise and Fall of American Communism* (El ascenso y la caída del comunismo americano; Nueva York: Horizon Press, 1975), págs. 24–28.

ta que obra bajo el falso nombre de 'Partido Socialista de los Trabajadores' no merece más apoyo del movimiento obrero… del que merecen los nazis que disfrazan su partido bajo el falso nombre de 'Partido Nacional Socialista de los Trabajadores'".[21]

JAFFE CONTINÚA: "Los 14 documentos señalados como Prueba A, B, C, etcétera, consistían de dos folletos, 'La guerra y la Cuarta Internacional', fechado 1934, y el 'Manifiesto de la Cuarta Internacional sobre la guerra imperialista y la revolución proletaria', fechado 1940;[22] cuatro números completos del Boletín Internacional Solo para Miembros, de agosto y septiembre de 1942; y varias páginas de la revista mensual *Fourth International* y del semanario *The Militant* del año 1942. En algunas de las pruebas las frases pertinentes estaban subrayadas en rojo. Además de los documentos, había un texto mecanografiado de 24 páginas —muchas páginas a un solo renglón— titulado "El papel quintacolumnista de los

---

21. Jaffe, pág. 50. Como parte de la campaña del Partido Comunista para calumniar al Partido Socialista de los Trabajadores y ayudar con el caso fabricado federal contra los dirigentes centrales del PST, el *Daily Worker* falsificó el nombre completo del partido nazi, que era el Partido Nacional Socialista *Alemán* de los Trabajadores [énfasis añadido], no el Partido Nacional Socialista de los Trabajadores.

22. "La guerra y la Cuarta Internacional" (junio de 1934) y el "Manifiesto de la Cuarta Internacional sobre la guerra imperialista y la revolución mundial proletaria" (mayo de 1940) se encuentran, respectivamente, en los tomos de 1933–34 y 1939–40 de *Writings of Leon Trotsky* (Escritos de León Trotsky), ambos editados por Pathfinder. En español ver los tomos de 1933–34 y 1939–40 de *Escritos* (Bogotá: Editorial Pluma).

trotskistas en Estados Unidos".

Jaffe cita unas cuantas frases, bajo el título de "En conclusión", de la última hoja del original de 24 páginas. Ese pasaje, dice Jaffe, es típico del "carácter de todo el conjunto de pruebas y resúmenes" ensamblados por la dirección del PC para los procesos del tribunal inquisitorial del imperialismo norteamericano.

En ese párrafo se lee: "Por ser una organización de sabotaje, que se concentra en trastornar los esfuerzos bélicos, los trotskistas no requieren de una organización grande. Al contrario, un grupo más pequeño es más fácil de controlar y resulta más eficiente para sus fines... La peligrosa eficiencia de este grupo pequeño la demuestra el hecho que han logrado obtener ayuda de sindicatos de la AFL y del CIO que representan a un millón de trabajadores, a favor de los traidores convictos de Minneapolis [prueba M]... Este núcleo de saboteadores es pequeño, pero su influencia clandestina es grande. Si se extirpa el núcleo, quedará desbaratada una fuerte arma fascista en América".[23]

En 1949 el gobierno de Estados Unidos declaró culpables a 11 dirigentes del Partido Comunista bajo la Ley Smith, condenando a la mayoría de ellos a cinco años de prisión federal. Los fiscales federales lo hicieron utilizando disposiciones de la Ley Smith idénticas a las que habían empleado para el caso fabricado y las condenas contra los dirigentes de las batallas de los Teamsters del Medio Oeste y del Partido Socialista de los Trabajadores.

"Juicio al PC amenaza derechos de todo el movimiento obrero", era el titular principal a tres columnas del *Militant* del 24 de enero de 1949 que informó sobre el primer

23. Jaffe, pág. 51.

día del juicio. El subtítulo decía: "Clima de terror policial caracteriza caso de control del pensamiento".

El reportero era Farrell Dobbs, quien informó sobre el juicio para el *Militant* durante todo el año, directamente desde el tribunal federal en la Plaza Foley de Nueva York. Dobbs fue uno de los dirigentes centrales de las batallas de los Teamsters en el Medio Oeste estadounidense durante los años 30, candidato presidencial del Partido Socialista de los Trabajadores en 1948, y secretario nacional del partido de 1953 a 1972. Fue también uno de los 18 dirigentes sindicales y del PST encarcelados bajo la Ley Smith por 12 meses en 1944–45.

"Veredicto en juicio al PC atenta contra derechos de todos", fue el titular que encabezó la primera plana del *Militant* cuando los dirigentes del PC fueron declarados culpables en octubre de 1949.

"El viernes 14 de octubre de 1949 se recordará como un día aciago para los derechos civiles en América", empezaba el editorial de primera plana del *Militant*. "La condena ese día de 11 dirigentes del Partido Comunista, en el juicio político en la Plaza Foley, asestó un golpe severo contra las libertades democráticas de toda la clase trabajadora".

Las condenas, decía el editorial, subrayaban la urgente necesidad de formar un frente único "para frenar la ofensiva de los cazadores de brujas".

AMPLÍE SU BIBLIOTECA REVOLUCIONARIA

El historial antiobrero de los Clinton

Por qué Washington le teme al pueblo trabajador

JACK BARNES

Lo que el pueblo trabajador necesita saber sobre el curso, impulsado por el lucro, que han seguido los demócratas y republicanos por igual en los últimos 30 años. Y el despertar político de los trabajadores que buscan entender y resistir los ataques de los gobernantes capitalistas. US$10. También en inglés, francés, persa y griego.

¿Son ricos porque son inteligentes?

Clase, privilegio y aprendizaje en el capitalismo

JACK BARNES

Expone las crecientes desigualdades de clase en EEUU y las justificaciones de las capas profesionales bien remuneradas que creen que su "brillantez" las califica para "regular" a los trabajadores, quienes supuestamente no sabemos lo que nos conviene. US$10. También en inglés, francés, persa, árabe y griego.

Art and Revolution

Writings on Literature, Politics, and Culture

(Arte y revolución:

Escritos sobre literatura, política y cultura)

LEÓN TROTSKY

"El arte puede ser un fuerte aliado de la revolución solo cuando se mantiene fiel a sí mismo", escribió Trotsky en 1938. En inglés. US$15

La cuestión judía

Una interpretación marxista

ABRAM LEON

La batalla contra las fuerzas reaccionarias que buscan exterminar a los judíos sigue siendo crucial en la política mundial, como lo demostró el pogromo genocida en octubre de 2023 en Israel. ¿Por qué sigue resurgiendo el odio antijudío? ¿Cuáles son sus raíces de clase? Por qué, como explica Abram Leon, no hay solución "independientemente de la revolución proletaria mundial"? Con una traducción revisada, nueva introducción y 40 páginas de ilustraciones y mapas. US$17. También en inglés y francés.

La última lucha de Lenin

Discursos y escritos, 1922–23

V.I. LENIN

En 1922 y 1923, V.I. Lenin, dirigente central de la primera revolución socialista, libró su última batalla política, lucha que tras su muerte se perdió. Lo que estaba en juego era si esa revolución, y el movimiento comunista internacional que ésta dirigía, mantendría el curso proletario que había llevado al poder a los trabajadores y campesinos en octubre de 1917. US$17. También en inglés, persa y griego.

Fighting Racism in World War II

(La lucha contra el racismo en la Segunda Guerra Mundial)

De las páginas del *Militant*

Un recuento de las luchas contra el racismo y el terror de las turbas linchadoras de 1939 a 1945 ante los llamados patrioteros a aplazar la resistencia hasta la "victoria" de Washington en la Segunda Guerra Mundial. En inglés. US$23

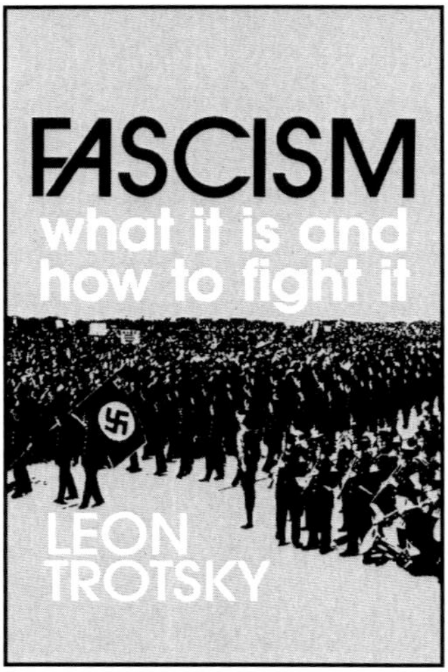

Fascism: What It Is and How to Fight It

(Fascismo: qué es y cómo combatirlo)

LEÓN TROTSKY

Escribiendo al calor de la lucha contra el ascenso del fascismo en Alemania, Francia y España en la década de 1930, Trotsky examina los orígenes y carácter de clase de los movimientos fascistas. Valiéndose de las bases sentadas por la Internacional Comunista en la época de Lenin, Trotsky impulsa una estrategia obrera para combatir y derrotar este maligno peligro para el movimiento obrero y la civilización humana. En inglés y persa. US$5

Los cosméticos, las modas y la explotación de la mujer

JOSEPH HANSEN, EVELYN REED, MARY-ALICE WATERS

Explica cómo los capitalistas refuerzan la posición de segunda clase de la mujer para extraer ganancias. De dónde proviene la opresión de la mujer. Y cómo la integración de millones de mujeres a la fuerza laboral fortalece la batalla por su emancipación. US$12. También en inglés, persa y griego.

Libros de Pathfinder **accesibles en formato e-book** para personas no videntes, de baja visión o con otros retos para leer libros impresos

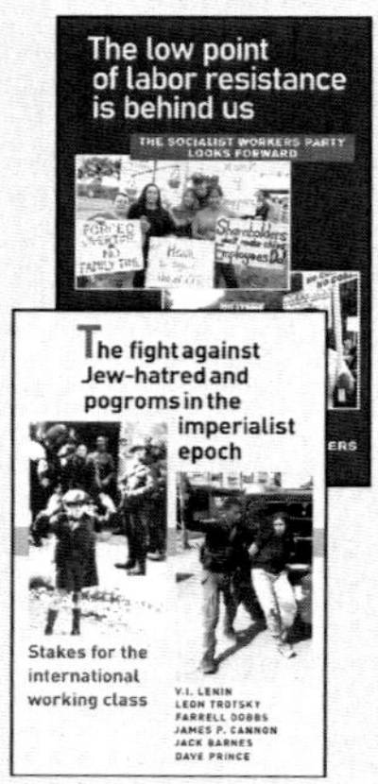

Para obtener una lista de libros disponibles, visite: pathfinderpress.com/collection/books-for-the-blind.

Para inscribirse, visite bookshare.org.

ÍNDICE

Q

R

T

U

V

LA SERIE DE LOS TEAMSTERS DE FARRELL DOBBS
Lecciones de las batallas obreras de los años treinta

REBELIÓN TEAMSTER

Sobre las huelgas de 1934 que sindicalizaron a camioneros y trabajadores de depósitos en Minneapolis y allanaron el camino para el movimiento social obrero que forjó los sindicatos industriales. El primero de cuatro tomos narrados por un dirigente central de estas batallas.

PODER TEAMSTER

De cómo la dirección de los Teamsters usó el poder conquistado durante las huelgas de 1934 para hacer de Minneapolis un baluarte sindical, ayudar las campañas de sindicalización en toda la región norte-central del país y lanzar una campaña en 11 estados que reclutó al sindicato a decenas de miles de choferes de larga distancia.

POLÍTICA TEAMSTER

Explica cómo el Local 544 de los Teamsters en Minneapolis combatió casos fabricados por el FBI y el gobierno en los años 30, organizó a los desempleados y luchó para que el movimiento obrero y sus aliados emprendieran un camino político independiente de clase.

BUROCRACIA TEAMSTER

Cómo los trabajadores con conciencia de clase encabezaron la oposición obrera al ingreso del imperialismo norteamericano a la Segunda Guerra Mundial. Y cómo el gobierno federal, ayudado por la cúpula de los Teamsters, usó el FBI para intentar aplastar el poder sindical y silenciar a militantes obreros antibélicos. Con más de 130 fotos e ilustraciones.

US$16 cada tomo, US$50 por los cuatro. También en inglés.
Rebelión Teamster además existe en francés, persa y griego.

LA REVOLUCIÓN SOCIALISTA CUBANA

¡Nueva edición!

Che Guevara sobre economía y política en la transición al socialismo

CARLOS TABLADA

Es esencial que el pueblo trabajador tome el poder estatal, dijo Ernesto Che Guevara. "Después viene la segunda etapa, quizás más difícil que la anterior", la transición desde el capitalismo y sus valores despiadados hacia el socialismo. Esto incluye pasar del trabajo como condición obligatoria para la supervivencia, hacia el trabajo social voluntario a través del cual expresamos nuestra humanidad común. Incluye el discurso de Fidel Castro de 1987 "Las ideas del Che son de una vigencia absoluta". Nueva edición con selecciones ampliadas de los escritos de Guevara. US$17. También en inglés y próximamente en francés.

Las mujeres en Cuba: Haciendo una revolución dentro de la revolución

VILMA ESPÍN, ASELA DE LOS SANTOS
YOLANDA FERRER

La integración de las mujeres a las filas y dirección de la Revolución Cubana fue parte inseparable de la trayectoria proletaria de esta desde el principio. Esta es la historia de esa revolución y cómo transformó a las mujeres y los hombres que la hicieron. US$17. También en inglés, persa y griego.

Cuba y Angola: La guerra por la libertad

HARRY VILLEGAS ("POMBO")

La historia del aporte inédito de Cuba a la lucha por liberar África del azote del apartheid. Y de cómo se fortaleció así la revolución socialista cubana. US$10. También en inglés, persa y griego.

TAMBIÉN DE PATHFINDER

Che Guevara y la realidad imperialista

MARY-ALICE WATERS

Ernesto Che Guevara fue uno de los más destacados dirigentes forjados por la revolución socialista en Cuba. La perspectiva internacionalista que él ayudó a dirigir fortaleció no solo a la Revolución Cubana sino a la clase trabajadora y a sus aliados en Estados Unidos mismo. La correlación de fuerzas en un mundo aún dominado por el imperialismo, dice Waters, ha cambiado a favor de los explotados y oprimidos. US$5. También en inglés.

Labor's Giant Step

The First Twenty Years of the CIO: 1936–55

(El paso de gigante del movimiento obrero: Los primeros 20 años del CIO, 1936–55)

ART PREIS

La historia de las explosivas luchas obreras y batallas políticas de la década de 1930 que forjaron los sindicatos industriales. Y cómo esos sindicatos se convirtieron en vanguardia de un movimiento social de masas que comenzó a transformar la sociedad estadounidense. En inglés. US$27

La emancipación de la mujer y la lucha africana por la libertad

THOMAS SANKARA

"No existe una verdadera revolución social sin la liberación de la mujer", explica Sankara, dirigente central de la revolución de 1983–87 en Burkina Faso, en África occidental. US$5. También en inglés, francés y persa.

Problems of Everyday Life

(Problemas de la vida cotidiana)

LEÓN TROTSKY

Artículos de la prensa soviética en sus primeros años sobre temas sociales y culturales en la lucha por forjar nuevas relaciones sociales. El avance de la cultura, señala Trotsky, requiere un creciente nivel de desarrollo científico, tecnológico e industrial para "liberar a la humanidad de una dependencia de la naturaleza que es degradante": un objetivo que solo se puede completar cuando las relaciones sociales estén "libres de misterios y no opriman al pueblo". En inglés. US$20

La clase trabajadora y la transformación de la educación

El fraude de la reforma educativa bajo el capitalismo

JACK BARNES

"Hasta que la sociedad se reorganice para que la educación sea una actividad humana desde que somos muy jóvenes hasta que morimos, no habrá una educación digna de la humanidad creadora y trabajadora". Incluido en el presente libro. US$3. También en inglés, francés, persa y griego.

Zona Roja

Cuba y la batalla contra el ébola en África Occidental

ENRIQUE UBIETA GÓMEZ

Cuando tres naciones africanas fueron asoladas en 2014–15 por una epidemia de ébola, el gobierno revolucionario de Cuba brindó lo que ningún otro país intentó aportar: más de 250 médicos, enfermeros y especialistas de salud pública voluntarios. Este recuento testimonial de sus actividades demuestra el tipo de hombres y mujeres que solo una revolución socialista puede producir. US$17. También en inglés y francés.

DEFENSA DE LAS LIBERTADES CONSTITUCIONALES

El socialismo en el banquillo de los acusados

Testimonio en el juicio por sedición en Minneapolis

JAMES P. CANNON

El programa revolucionario de la clase trabajadora, presentado en respuesta a cargos fabricados de "conspiración sediciosa" en 1941, en vísperas del ingreso de Washington a la Segunda Guerra Mundial. Los acusados eran dirigentes del movimiento obrero en Minneapolis y del Partido Socialista de los Trabajadores. US$15. También en inglés, francés y persa.

50 años de operaciones encubiertas en EE.UU.

La policía política de Washington y la clase obrera norteamericana

LARRY SEIGLE, FARRELL DOBBS, STEVE CLARK

Cómo los trabajadores con conciencia de clase han luchado contra los esfuerzos por expandir el "estado de seguridad nacional" que es esencial para mantener el dominio capitalista. US$10. También en inglés y persa.

FBI on Trial

The Victory in the Socialist Workers Party Suit Against Government Spying

(El juicio contra el FBI: La victoria en la demanda del Partido Socialista de los Trabajadores contra el espionaje del gobierno)

MARGARET JAYKO

Relata la victoria histórica en la lucha por los derechos constitucionales. Incluye el texto del fallo de 1986 de la corte federal contra el espionaje del gobierno y fragmentos del testimonio en el juicio. En inglés. US$17

Cointelpro

The FBI's Secret War on Political Freedom

(Cointelpro: La guerra secreta del FBI contra la libertad política)

NELSON BLACKSTOCK

Una mirada a fondo al programa encubierto de interferencia y contrainteligencia del FBI en los años 60 y 70, realizado bajo el nombre COINTELPRO. Reproduce extensamente documentos del FBI publicados a raíz de la demanda judicial del Partido Socialista de los Trabajadores contra el espionaje del gobierno. En inglés. US$15

Letters from Prison

A Revolutionary Party Prepares for Post–WWII Labor Battles

(Cartas desde la prisión: Un partido revolucionario se prepara para las batallas obreras posteriores a la Segunda Guerra Mundial)

JAMES P. CANNON

Encarcelado en la prisión federal de Sandstone en 1944–45, Cannon escribe a dirigentes y cuadros del Partido Socialista de los Trabajadores sobre sus experiencias con compañeros de presidio sobre su lectura y estudio durante su "semestre en la Universidad de Sandstone", y los pasos para preparar al partido para las batallas obreras que surgirían de la sangrienta guerra imperialista. En inglés. US$10

America's Revolutionary Heritage

Marxist Essays

(La herencia revolucionaria de Estados Unidos: Ensayos marxistas)

GEORGE NOVACK

Una explicación materialista de la Revolución Norteamericana, la Guerra Civil y la Reconstrucción Radical, el genocidio contra los indígenas, el ascenso del imperialismo norteamericano, la primera ola de luchas por los derechos de la mujer y mucho más. En inglés. US$23